生命樹

Health is the greatest gift, contentment the greatest wealth.
~Gautama Buddha

健康是最大的利益，知足是最好的財富。 ——佛陀

在沒有你的星球，學會呼吸

Once More We Saw Stars: A Memoir

死亡、哀痛、癒合、前進，
一個家庭的重生旅程

傑森・格林 Jayson Greene —— 著
黃佳瑜 —— 譯

獻給葛瑞塔和哈里森

To Greta and Harrison

為了重返上頭那光明世界，

嚮導和我踏進一條隱密通道；

我們緣路而行，無心休憩，不停攀登行動，

他在前，我殿後，

直到我們透過圓孔，

看見美麗的事物羅列蒼穹，

於是我們走出地面，

再次仰望星空。

——但丁，《地獄》（*Inferno*）

推薦序

一個父親從地獄回到人間的重生旅程

凱若—親子暢銷書作家

這是一個極其悲傷的故事，但也是一個關於希望的故事。

身為母親，我「非理智」地拒絕接受這世上有任何一個讓深愛孩子的爸媽、失去自己骨肉的機會。然而心中時常有強烈的恐懼感襲來：一個閃失，我隨時有可能失去我的孩子。而本書作者傑森和他們一家的故事，就是這樣讓人討厭的存在！就像他自己所說：「我無時無刻讓人想起人類史上最不受歡迎的訊息：孩子——你的、我的——不見得能好好活著。」

他們夫妻倆在一次久違的約會之夜隔天早上，收到了失去兩歲女兒葛瑞塔的噩耗，從那天開始，這個幸福家庭一切風雲變色。很少生氣的傑森變得暴躁，連在路上看見幸福的家庭都充滿憤怒，他不時得躲到某個沒人看見的地方放聲尖叫，他形容自己：「靈魂中前所未見的惡毒把我嚇壞了」；傑森的妻子史黛西則是將傷痛隱藏在內心最深的角落，自責與失落無時無刻捉住她，也讓她與母親的關係降至冰點。「失去葛瑞塔後，我們一直在實驗能把自己刨空到什麼程度，並仍保留技術上的存在。」他這樣描述著自己在意外之後如行屍走肉的生活。

「小孩會死。這是我根據第一手經驗得到的體悟。」他的文字就是如此直接且明確，就算描述的是自己混亂的環境與情緒，仍舊冷冽如利刃、激動如烈火，甚至誠實到不留一絲情面。但也因此直搗人心，切割與燃燒出所有父母心中最深層的恐懼，以及我們死命抓住失控列車的方向盤，嘗試保護摯愛兒女的那份深愛。**最終，他將自己內心撕裂再重組的過程，更安慰了你我**。

幸運的是，他們仍舊擁有彼此。「葛瑞塔死後，史黛西和我只需要為彼此活著。共同經歷的那段令人暈眩的痛苦，讓我們靠得更近。」他們兩人雖用著不同的方式面對哀痛與療傷，有時覺得孤單難熬，卻仍舊緊緊相繫。

我無法想像這從地獄爬上人間的過程，但至少他們還有彼此，以及新生的兒子哈里森。因為這個新的驚喜，他們為自己的悲傷寫下最終期限，告訴自己與對方必須在哈里森來到世間之前，使用各種方式「認真且熱切」地療傷止痛。

一個小生命的殞落，另一個新生命的開始，都讓傑森與史黛西對人生更心存謙卑，滿懷感謝，原本的憤怒空洞被滿溢的愛給填滿。「我的心被人從胸膛直接扯出來，血淋淋地丟到地上，但不知怎麼，它仍然在我體內跳動著。」**為人父母，就是一個將自己的心赤裸裸袒露**

的過程。我們愛，卻同時受傷害；我們充滿希望，卻同時充滿恐懼。

沒人能，就算是傑森與史黛西都無法告訴我們，該如何讓自己的心在走過所有之後仍舊持續跳動，如迎接他們來到世間的那一刻同樣雀躍跳動。只有我們自己能找到方法，而且必須經由許多我們不願它們發生的事。

外子對我們四歲兒子的愛有著幾近瘋狂的偏執。因為在他幼時缺乏父親的角色，加上曾經在鬼門關前繞過一回，他對於自己與孩子的「安然存在」都有一種「什麼壞事都可能在此刻發生」的強烈焦慮。他努力克制不讓這樣的情緒影響行動，然而身為他身邊最親密的角色，我當然了然於心。我，看似是家中「理智」的角色，總是分析各種怪病與意外發生的極低可能性，但在潛意識裡也明白：一切的安好，都不掌握在你我手上。

「一會兒後他恢復呼吸。我抱緊他，身體因震驚而痲痺。一個聲音在我腦中低語：你還是可能失去一切。這個聲音永遠是對的。」傑森寫出了曾經面對失去的人最誠實的聲音。我們無法確保一切都會很好，我們還是可能在瞬間失去一切，這渺小且被隱藏的聲音總是在某些極其快樂的時光中，隱隱地提醒我們：**珍惜此刻**。

這本書的確讓人揪心刺痛，而且太過誠實。我在書桌前擦著眼淚讀，外子見狀忍不住輕責備：「妳下次別答應要看這類的書了！」然而，不看就不會去想嗎？或，這樣的事就不會發生嗎？我們防止了所有「觸霉頭」或「惹人難受」的訊息，就會讓我的心安穩些嗎？並不會。我們還是可能失去一切。沒有足夠的安全措施能保證孩子不受傷害，更沒有任何教養方法能百分百保障孩子的平安幸福，**但因為珍惜，讓我們不看輕任何一刻的美好，也不將任何一次愛的交流視為理所當然**。「珍惜」，是經歷了十六年母職之後，我所得到唯一的心靈解方。

傑森打開了他的心，和他與葛瑞塔的所有回憶，邀請你我也從地獄回到人間走一遭，然後重生。

—推薦序—

讓希望與悲傷同行

李偉文—牙醫師、作家、環保志工

古今中外所有的宗教大師都不斷提醒我們，生命是無常的，悲傷與痛苦是命運賜給我們的機會；雖然這些話理智上我們都懂，但是真正面對時情緒還是難以承受。

有人說，悲傷是為了提醒我們愛得有多深。沒有愛，就不會感到悲傷。因此，儘管心痛，但它其實是在提醒我們，如今已逝的那份愛當初有多美。不過，會不會我們就此深陷悲傷中走不出來呢？就像作者曾經參加某個支援家屬的團體後發現，其中許多人不願讓自己走出來。我想，或許他們害怕，若自己停止了悲傷，就會變得一無所有。

《在沒有你的星球，學會呼吸》裡令人悲傷的意外，會以各種不同形式出現在你我生命中。因此，這個故事除了是作者自己的療癒之旅外，透過他懇切而生動的文筆，更是我們**面對失落與悲傷時的療癒之書**。

失去所愛是每個人一生不斷會遭遇到的課題。悲傷能提升我們，也能打擊我們，差別在於我們是否能在悲傷中發現意義，找到希望。

從這個真實故事中，我們也從作者歷程裡看到走出悲傷必須面對的四個課題。首先是接受失去親人的事實，我們看到作者除了心理輔導專家的定期諮商外，甚至還找了靈媒與巫師。這個過程，就像自古以來所有宗教或儀式，不管是服喪或台灣傳統的「作七」，都是讓我們在儀式進行過程中，慢慢接受與面對親人的離開。

第二個階段是讓悲傷的痛苦與情緒得以宣洩，因為壓抑悲傷的情緒，只會將痛苦留在心裡，延長悲傷的時間。再來就是適應少了親人的生活，最後就是在新的生活中找到與逝者的永久連結，讓他繼續活在自己心中。

其實，**悲傷沒有真正過去的一天**。因為失落是永遠的失落，當遇到生活中某種情境，或許悲傷的情緒還會被引發出來。也因為愛與失去，原本就是生命的一部分，因此**療癒是我們終其一生的功課**。

達賴喇嘛說：「懷抱著因失去造成的巨大創傷，反倒能活出更有意義的人生。」不要抗拒悲傷，痛苦會讓我們更謙卑，也讓我們更憐憫，擁有懂得別人悲傷的同情心。

因此，不要假裝悲傷痛苦不存在，而是轉換看事情的角度，從自身轉向他人，看見他人也同樣在受苦，自己並不孤單。是的，人人都要如同作者一樣，**學會在沒有所愛的人的世界裡，繼續呼吸，讓希望與悲傷同行**。

—推薦序—

盡力活下去的我們，用餘生愛著離開的你們

葉揚—作家

失去孩子這件事的痛苦，跟踢到桌腳不一樣。一般來說，踢到桌腳的當下反應很大，你會跳起來，罵髒話，會痛到無法思考，喔喔喔地慘痛哀叫。但一分鐘過去以後，又能毫髮無傷地接著過下面的人生。

而失去孩子的感覺是反過來的。

我記得自己當下很麻木，當然是流了眼淚，可是你跟那些悲傷隔著一段距離，好像在看一齣戲。接著，一天一天過去，當大家都覺得漸漸好起來的時候，事情卻從裡面慢慢改變著，有一部分的自己好像離開了，你開始懷疑為什麼會變成留下來的那個人，你反覆檢討，反覆控訴，孩子無緣無故地死去，覺得自己不應該這樣留下來才對。

思念跟自責會轉來轉去，像遊樂場裡的旋轉木馬，人生裡頭，其他新發生的事情，都只是坐在上頭的孩子，如何笑鬧玩樂，也只是上上下下。有一種僵硬的東西，在心裡以卡榫和

螺絲鎖著，固定不會動。**不論你多麼想要堅強以對，有一部分就是鎖住了**。

我很能理解這本書。除了同情，還有理解。

本書的作者失去了兩歲的女兒，因為在某個悠閒的午後，在路邊的椅子坐著，從天而降的一塊紅磚，打中了小女孩的頭。

「拜託告訴我，磚頭砸中葛瑞塔什麼地方，打到她的頭了嗎？」讀著這句話，我便想著，都是這樣的。身為父母，你心裡知道什麼是最壞的情況，你開口問了，然後在心裡許願，**那件事情沒有發生**。

在面對失去孩子的心碎時，我們經歷了如此相似的過程。

作者一家人搬了家，我也是；他們去見靈媒，希望靈媒喊出女兒的名字，而我在失去孩子後，陸續見了兩個風水師。我以為投靠這樣的事，是傻子才會做的事，但不是，**那是一個出口**。以前的我並不明白，有種自以為是的優越感，以為自己比那些求神問卜的人厲害，可是被命運傷害的時候，我走過了人性脆弱的過程。

「我們走進葛瑞塔的病房，她的頭蓋骨又青又腫，中間有一排大得嚇人的縫合針。『嗨，小猴子，』我的妻子說：『我們相處的時間不太長，還不夠，不是嗎？』」

有一部電影，裡面的台詞是：「緣分這件事，能不負對方就好，想不負此生，真的很難。」我直覺失去孩子的父母，會想到的第一個問題便是──**孩子，我是不是辜負了你**？

失去孩子這件事的痛苦，有一部分是在於愛得不夠。

孩子那麼小就走了，身為父母，會覺得愛得不夠多，愛得不夠久，那些滿滿的愛，都沒有地方放，很多愧疚的心情就從四面八方跑出來了。嚴重的時候，你甚至懷疑是不是自己哪裡做得不對，害了那個孩子。

天啊，我是什麼樣的父母，居然把自己的孩子害死了。我經常懷抱這樣的心情，在夜裡清醒地瞪著天花板。我變成一個自卑的母親，不確定如果再生一個孩子，她能不能活下來。

總是有好的時候，跟不好的時候。我記得作者在書中說到：我死了一個孩子，我有權利永遠保持憤怒，我有權利永遠保持困惑。而我的經驗是，發生了不好的事，就像一座樓梯那樣，你得讓自己難過，讓自己脆弱，通過了這段，才能繼續往下走，才能在往後的日子中，繼續試著平靜地看待摯愛的缺席。

閉上眼睛，我的時間停在那一刻，我把死去的孩子交給護理人員的那一刻。偶爾還是會想，會不會有那麼一天，等我也離開這個世界，便能夠再見到我的女兒。

若是有一點點機會見到她，我會把她的身體輕輕抱起來，我會告訴我的寶寶，儘管她先走了，媽媽依舊盡力活了下去。

媽媽用了餘生去愛妳。

目錄

Once More We Saw Stars: A Memoir

有些事情你是用身體去看，不是用你的雙眼。我退到一旁，感覺有東西蒸發掉了，也許是我靈魂中的一個量子、一經觸碰就焚燒殆盡。我變輕了，不知怎地立刻少掉一點自己，彷彿某個巨大的鑽子鑽進我的骨頭，抽走了骨髓……

「我們學會與哀傷共存，把它當成很棒、很可愛的同伴。因為那是一股溫柔的哀傷，讓心變得柔軟，讓你學會接納一切。」我們正一起跨越一道巨大而可怕的門檻，朝某個方向前進。我不知道最後會走到哪裡，但這剛萌芽的認知彷彿在我耳中發出嗡嗡聲響。

哀傷把持了我們原本以為自己可以作主的許多事情。葛瑞塔過世六個月，我們差不多六十人共聚在克里帕魯中心。有些人失去年紀較大的孩子；有些人喪偶、喪母或喪父。全部的人有一個共同點：所有人都遭遇了照理只會發生在別人身上的事情。我們全被推到這裡就定位——被生活、被情勢、被排程……

拋棄房子之後，我們也背離了親人。這是出於本能的決定，動物性多於自覺。我們分辨不出自己的動機。或許，就有如受傷的狗會把自己蜷縮成一團？像蟑螂一般逃避審視的目光？我們不知道，更重要的是，我們不在乎。對我們而言，這不

SECTION ONE

意外

The Accident

小寶貝，我們該從哪開始說起呢？或許，就從我們一起發明的那些傻呼呼遊戲吧。那些遊戲對別人毫無意義，卻是我們的一切。有一次，我們假裝大樓外的無障礙坡道是一部電梯，一玩就玩了半個鐘頭。妳會在一塊紅磚上按按手指；我便發出嗶嗶聲。我會說：「電梯下樓！」然後妳燦笑著跑下坡道。整個遊戲就是那樣。那便已足夠。

還有一次，我們在沙灘上，妳兩歲大。在妳十四個月的時候就見過沙灘，但並不怎麼喜歡。打在身上的陽光彷彿要刺穿妳的肌膚（妳遺傳了媽媽，討厭晒太陽）。一開始在妳腳下和手掌下流動的沙讓妳著迷，但沒多久就把妳嚇得發慌。以前，大地從未黏在妳的腳下，也從未顯得如此不可靠。大海發出轟隆隆巨響。最後妳爬上了我的臂彎，不停扭動。

這一天，妳長大了一點，無所畏懼。穿著一襲綠色條紋洋裝，外面套著帶有圓點的紅色開襟羊毛衫，頭戴大紅帽，左手拿著從木棧道上的攤子買來的芒果串。我抱著妳穿過康尼島（Coney Island）碼頭。我脫下鞋子，把妳放下來，妳腳上還穿著小鞋，就跑了出去，小心翼翼地往旁邊伸長握著芒果串的手。我緊跟在妳身後。

海洋對妳而言巨大無比，我感覺得到小人兒面對世界的遼闊時，心底因敬畏與恐懼而萌生的興奮悸動。妳抬頭望著我，而我面帶微笑；我似乎並不害怕。我特意指出，我的鞋子脫了，妳想不想脫掉鞋子呢？妳的雙眼陷入沉思，然後點了點頭。我們一起走到這片不可思議的大海海口。潮溼的沙子涼冰冰的，那時才五月而已。一顆顆沙粒閃閃發光。「小寶貝，妳看，一片貝殼。」我指著妳的腳邊說。妳彎下腰，把它從潮溼的沙裡挖出來。那是一塊碎片，剛好可以被妳細小的手指抓住。它的頂端有一坨沙，妳笑嘻嘻地把它高舉到我面前，我假裝覺得噁心。

「矮額‼」

妳發出那極具感染力的、在喉頭與鼻腔湧動的咯咯笑聲。浪花越滾越近，打到我們。妳有生以來唯一一次，感受海水從妳的腳趾間穿過。

✦

在曼哈頓的上西城（Upper West Side），一塊紅磚驟然從八層樓高的窗檯墜落。葛瑞塔正和外婆坐在大樓前的長椅上，聊著兩人前一天晚上一起看的舞台劇。那是《恰恰特快車》（*Chuggington*）的真人版兒童劇，幾台會講話的火車幫忙他們脫軌的朋友可可（Koko）回到軌道。「可可卡住了！」葛瑞塔一遍又一遍大喊。岳母後來告訴我們，那一幕似乎嵌入了她的腦海，簡單的困境和發自心底的呼救，深深觸動了她的心靈。

記者採訪了住在那層樓的老婦人的看護——那位婦人的窗檯已經坍塌。即便從平面文字，我也聽得出她聲音裡的震驚，她剛剛恍然認清這個世界的歹毒與混亂：「那就像有一股邪惡力量向下伸出魔爪……。」

我們把快易通（E-ZPass）電子票卡忘在家裡了。史黛西和我前往威爾康乃爾（Weill Cornell）急診室的途中，車子一直開到隧道口才赫然發現這件事。接近收費站的時候，柵欄橫桿沒有豎起來，我們差點迎面撞上。收費站人員試著跟夾纏不清、歇斯底里、阻礙著交通的我們講理。

「我們的女兒出了嚴重事故，」史黛西對他大吼。

他盯著我們後座上空蕩蕩的安全座椅，一臉困惑。「她在哪裡？」他質問。

「她跟我媽在一起！」史黛西說。隨著車龍越堵越長，汽車喇叭聲此起彼落。

「幫幫忙，她在醫院裡，」我插嘴說：「拜託放我們過去。」

他揮手放我們通行。「千萬別撞車！」橫桿抬起的時候，他朝著我們的車窗大喊。

二十分鐘前我們才接到史黛西母親蘇珊打來的電話。「噢，傑森，太可怕了。」她說——那是她的第一句話。她對整起事件的描述還很概略：有兩大塊紅磚，現場有醫護人員。蘇珊坐上第二輛救護車，葛瑞塔搭第一輛，已經在趕往醫院的途中。蘇珊也被砸中，砸在腿上。

「葛瑞塔呢？」我追問。

「她在前面，」蘇珊說：「她現在能自主呼吸。他們告訴我她能自主呼吸。」

她聽起來恍惚、迷茫，我們還聽見其他含糊的聲音，醫護人員正在問她問題。一個男性的聲音從她背後切入，高聲詢問蘇珊某件事情。從她結結巴巴的回答，我聽得出她正費勁地設法理清頭緒。

「蘇珊，拜託告訴我，」我堅定而緩慢地說：「磚頭砸中葛瑞塔什麼地方？打到她的頭了嗎？」當我說到「頭」這個字，感覺有什麼東西擊碎了我的聲音，那是我還不熟悉的某種原初的事物。

「對，打中她的頭，」蘇珊說。我轉頭大聲對史黛西傳達這個消息，她本能地放聲尖叫。

「我的寶貝女兒，」她哭了起來，止不住抽泣。

在高速公路永無止境的路程中，史黛西和我沒有往下深談。她伸手握住我的手，聲音顫抖。「她一定得好好的。她就是得好好的。沒有其他選項。」

我們把車留給代客泊車，衝進醫院門廳。我們找到警衛，第二度說出同一段話：「我們女兒出了意外，現在在急診室。」我望著他臉部的線條柔和下來，我已經漸漸懂得當你對人們說出這個消息會發生怎樣的事情。

「我很遺憾，」他一邊說，一邊揮手讓我們通過。

急診室入口有一條清晰的危急路徑——一個通往急診大廳的時間模糊地帶，我感覺我們正穿越其中。我聽到左側有人問：「他們是孩子的雙親嗎？」某一部分的我察覺「雙親」這個稱號的不祥之兆。前方不遠處，一名醫護人員急切地朝我們揮手。

我們跟著他走進一個邊間，大約十二乘十二呎大小，正中央有一張檯子，周圍擠滿了醫生和護士。檯子中心是衣服脫得只剩下尿布、小得可憐的葛瑞塔。她的雙眼閉著，嘴巴開開。我望著團隊人員抬起她的手臂和腿，彷彿把她當成布偶。我記得看見了她的上顎，她的牙齒猶如一顆顆珍珠小島。我對她頭上的傷毫無印象；我的心靈要麼拒絕看見，要麼已經抹除這段記憶。

有些事情你是用身體去看，不是用雙眼。我退到一旁，感覺有東西蒸發掉了，也許是我靈魂中的一個量子、一經觸碰就焚燒殆盡。**我變輕了，不知怎地立刻少掉一點自己**，彷彿某個巨大的鑽子鑽進我的骨頭，抽走了骨髓。史黛西坐在走廊椅子上，陷入陰鬱，動也不動。我瞥了她一眼，看見同一股生命力離開了她的軀體。蘇珊躺在另一個走道的擔架上，不在我們的視線範圍內。我們等待著。

我拿出手機打電話給我的爸媽，他們正在紐奧良（New Orleans）度假。我先試試母親的手機，沒人接。多多少少給她留了一段話。我沿著接待櫃臺來回踱步，試著打父親的手機，語音信箱。我哥哥，語音信箱。我宛如掉進了蟲洞或時間縫隙。不知情的家人和朋友生活在上頭的世界。在他們的時間軸上，葛瑞塔還完好如初。

我的哥哥約翰終於接起電話。我試著傳達事情的嚴重性，但我聽得出來他並不理解或拒絕理解實際情況。

「噢，小傑，我真替你難過，」他說。他的聲音充滿同情，那是表示小孩子受傷乃家常便飯的反應。每個年輕爸媽的生命中，都會有這樣恐怖而短暫的一刻。「我的心跟你在一起，老弟。天底下沒有什麼比這個更糟的。我還記得安娜（他的八歲女兒）被狗咬的那次。那是我這輩子最慘的一天。你感覺自己如此無能為力。」

我想辦法透過電話強調我的預感：「情況真的很糟，約翰，」我說。

「她會沒事的，」他告訴我。從他的聲音裡，我聽出藏在寬慰話語背後的一絲懇求。我還沒有得到太多消息，但一進醫院就看到緊急救護人員的憂慮神色，也目睹了葛瑞塔的身體毫無生氣、像小鳥般軟綿綿地躺在一張巨大檯子上的恐怖景象。

「不，約翰，」我陰沉沉地說：「我不覺得她會沒事。」

外傷急救小組趕忙把葛瑞塔推進另一條走道做電腦斷層掃描，這會顯示她的頭部創傷有多麼深、多麼嚴重。她腦袋瓜裡珍貴的一切，現在是什麼狀態？史黛西和我已經在默默盤算各種可能。葛瑞塔很小就開始用完整的句子說話，早得嚇人。她對小狗深深痴迷，史黛西和我打趣說，等她大到能夠用完整的句子表示「我想要一條小狗」，我們就給她找來一條狗。在她十四個月大就對我們這麼說的時候，我們笑著提高了最低門檻（「父親，母親，我非常想養狗，我保證會幫忙遛狗、餵牠吃飯」）。我們需要更多時間，當時兩人就是這麼想的。我們確定會有更多時間。

電腦斷層掃描顯示她的腦部出血，於是被緊急送去開刀。顯然，出血情況極其嚴重，以至於沒有多餘人力被派來跟「雙親」報告最新狀況。在急診室等了似乎無止無盡的時間後，我去找了幾分鐘前麻木地被介紹認識的社工人員。他那時拿了一個塑膠袋，交給史黛西。裡頭是葛瑞塔血染的金色涼鞋。史黛西毫無反應地接過，任由袋子在她身側搖搖晃晃。「我們的女兒在哪裡？」我問。

社工在電腦斷層掃描室的藍色巨大房門上敲了敲，然後試探地推開大門。裡頭空蕩蕩的，只剩下一名團隊成員。

我們被引領到另一層樓。在那裡，我們坐著，等著，委靡地傳簡訊給朋友和家人。

我們的摯友丹尼和伊麗莎白來了。伊麗莎白以一種你不能空手而來、卻又給不了什麼的不知如何是好，帶著一袋沉甸甸的三明治出現。我們還在檢傷分類室的時候，史黛西就傳了簡訊給他們：「葛瑞塔受傷了，我不曉得她會不會好起來。」

這兩人在他們所有朋友的生命中扮演救火隊的角色，總在警鈴還響著、警戒線還沒拉起時，率先抵達危機現場。他們是道地的城市波希米亞人，自己的生活總是七零八落，亂成一團。成千上萬的書本和老物件，以及他們驚人聰明的五歲女兒克萊拉的數百件美術作品，幾乎把他們兩房的公寓壓垮。他們是那種會在聚會遲到的人，到的時候頭髮亂蓬蓬的，臉脹得通紅。伊麗莎白會暗示某種駭人聽聞、匪夷所思的情節，然後揮揮手咕噥著說：「別多問。」不過，在他們運行的寬廣軌道上，只要有一點點災厄降臨任何人身上，他們就會放下手上所有雜七雜八的事情，陪伴你身旁。他們只有兩個人，但是不知道為什麼，只要他們一來，你就會覺得自己被團團圍住。我們見過他們為了不計其數的朋友、點頭之交，以及某個朋友擔保的全然陌生人扮演這樣的角色。現在輪到我們。伊麗莎白把裝了三明治的袋子放到地上，無言地把我們摟在懷裡。

史黛西的弟弟傑克以及他交往九年的女友萊絲莉接著抵達。他們繃不住臉上表情，淚流滿面，在史黛西兩旁的椅子坐下。史黛西把膝蓋蜷到胸前，縮成一團。我對這一刻幾乎毫無印象，只依稀記得我們坐著的角落是什麼形狀，還有從意外現場過來的兩名警官站在電梯旁的模糊身影。其餘事情——經過多長時間、我對史黛西或傑克說了什麼、有沒有起身上廁所、有沒有發消息給任何人、我到底有沒有說什麼特定的話——全都像墜入深潭裡的一分錢銅板，無影無蹤。

我想起葛瑞塔，心知不論她的哪一部分存活下來，都已受到損害。我想像自己養育孩子的軀殼，那具身體會不斷長大，心智卻黯淡無光。我想起再也聽不到她說話了。我想起輪椅、居家看護，想像長大的葛瑞塔無聲無息躺在床上，占用我們的閒置房間。我想起——短暫地想起——費用問題：我們要怎樣扛起那樣的重擔？

終於，外科醫生出現了。我們沒頭沒腦地站起來。他就像電視劇裡出現的那種神經外科醫生：骨瘦如柴、年高望重、眼眶深陷、太陽穴微微凹進去。手術服底下的他，似乎完全由軟骨構成。

他彎下瘦骨嶙峋的身體，坐進我們旁邊的椅子，交握的雙手放進膝蓋之間。「但願我能給你們更好的消息。我們盡可能摘掉她的顱骨，好讓大腦有腫脹的空間，但是出血情況相當嚴重。」

我察覺他字斟句酌，小心翼翼挑選盡可能最重的話：我們的不實希望是個阻礙，他的責任就是把它連根拔除，不給它滋長的機會。

「所以你是說，她的康復會是某種……奇蹟？」史黛西問。

「對，可以那麼說，」他回答。他注視著我們，眼神有多麼哀傷，話語就有多麼簡潔。他以更輕的聲音補了一句，「這是我寧可自己搞錯的情況之一。」

我們被送進醫院的另一個側翼，等待護士把葛瑞塔穩定下來。蘇珊穿著醫院病袍，被人推著輪椅過來。她的腿又青又腫，臉色慘白，眼神疲憊而狂亂。那副迷茫，讓我聯想起重度阿茲海默症病人，那雙眼睛在說：有件事情出了嚴重的差錯，但事情太大了，超出我的理解範圍。

她一見到我們就忍不住哭起來。她縮進椅子裡，彷彿我們的凝視會讓她凋萎。史黛西連忙跑過去，蹲了下來。

「不怪妳，」她低聲對蘇珊說：「不是妳的錯。」

蘇珊靠在她肩上，孩子似地放聲大哭，直到漸漸平靜。

我們全都安頓下來，靜靜等待。座位右邊有個魚缸，把走廊和醫院的熙熙攘攘隔絕在我們的悲戚之外。那一袋三明治就在桌上，無人問津。

「有人餓了嗎？」伊麗莎白終於問起，彷彿對著冰冷空氣呼出一口氣般提出這個問題。

史黛西索然無味地戳戳袋子。「大概吧。這些三明治是打哪兒來的？」史黛西對食物的執著是如此強烈而純粹，有時連她自己都覺得害臊。這種情況下還那麼講究，逗得我們所有人不由得輕笑出聲。

「我在科拉多（Corrado）買的，那是一間很高檔的專賣店。」伊麗莎白面帶微笑補充，「我們非常小心挑選，裡頭有茴香雞肉的，也有烤牛肉的，而且全都沒放美乃滋。」

史黛西傾身向前，稍微有了一點生氣。她打開袋子，開始檢查每一份三明治。她掀開硬紙盒的蓋子，用兩根指頭夾起最上層的麵包，窺探底下的肉與起司的比例，確認沒有美乃滋，並且搜捕可怕的生洋蔥。在她執行這挑三揀四的小儀式時，伊麗莎白開始哈哈大笑，突然之間，我們全都笑了起來。

「媽，妳要一份三明治嗎？」史黛西咯咯笑著問，有點上氣不接下氣，「它們確實很棒。」

我們吃完三明治，坐了下來。周圍散落著紙盒、撕開的芥末包和揉成一坨一坨的紙巾，沒人收拾。沉默再度掩襲而至。隨著時間的迷霧繼續延伸，沒有傳來半點消息，恐懼再一次吞噬我們。

我們知道葛瑞塔會死，每個人都心知肚明，儘管還不允許這個念頭浮上腦海。我們還沒準備好讓它衝出潛意識，任意燒殺擄掠，但是門口出現動靜。我們環顧彼此，明白這將是我們對這個熟悉世界的最後一瞥。不論緊接而來的是什麼，都將把一切夷為平地。

✦

經過三個鐘頭，李醫師——兒童加護病房的值班醫生——走出來領我們進去。她按了按鈕，門刷地一聲打開，我們走進兒童加護病房。接下來的四十八小時，這個地方將成為我們的中陰（Bardo），我們的死亡與過渡之地。我們的女兒在左翼的病房，但李醫生反而帶我們走進右翼一個小房間。房間角落擺了一盆假盆栽，茶几上放了幾條堅果燕麥棒，周圍有三張椅子。

她坐下來看著我們，眼神沉重、殷勤、充滿憐憫。「葛瑞塔發生了不堪設想的事，」她以這句話作為開場白，「她的生命跡象穩定，但受到這樣的腦傷，她永遠不會甦醒了。」停頓一拍，用更輕柔的語氣接著說：「我想，她的病情已回天乏術。」

「我希望你們知道，」她在我們啜泣時溫柔補充，「她腫得很厲害。進去看她之前，你們應該做好心理準備。」她一聲不響地坐著，聆聽我們的心在房間裡碎裂的聲音。然後她站起來，「你們準備好的時候，告訴我一聲。」

我們走進葛瑞塔的病房。我們現在明白了，自己是在探望早夭的孩子。她的臉色蠟黃，由於打著點滴而閃閃發亮；她的頭蓋骨又青又腫，中間有一排大得嚇人的縫合針。我們手拉著手，簇擁在床畔。

「嗨，小猴子，」我的妻子說：「我們相處的時間不太長。還不夠，不是嗎？」

醫護人員聚集在床沿，安靜地看著我們。其中一人上前調整某樣東西的時候，指尖輕輕刷過史黛西的手腕。「你們倆真了不起，」她喃喃地說，然後退開。我感覺得到，當我們一家人成了關注的焦點，他們對我們的柔情悄悄爬進了這個房間：葛瑞塔不再是他們徒勞花了好幾個鐘頭試圖穩定的一具身體。**她是我們的，我們是她的**。

我們一邊對她唱搖籃曲，護士一邊照料各種管線。我差點忍不住幫她拍了一張快照——我畢竟是個父親，這麼做自有一定的道理。我們記錄她生命中每一個新階段、每一套衣服、每一座新遊樂場或是街頭漫步的一刻，全都一一保存。在悲傷的迷霧裡，這麼做感覺沒什麼不同。而一名護理師委婉勸阻了我。

我的父母正準備搭機。嘗試五次之後，母親終於在排隊搭乘納奇茲（Natchez）內河船時接起電話。她只低聲而堅定地說了聲「不」，就認命地哭了起來，一如你察覺戰局已無法挽回的時候那樣。

我在葛瑞塔的床邊檢查手機，看到這段話，「有沒有什麼新消息？我們快要登機了。」

我瞪著這個訊息發楞，既不能讓他們一無所知地搭上飛機，也無法透過簡訊對他們說我的女兒死了。我只是簡單回答：「消息不太好。」

我的母親回覆，「我們深感哀痛。」然後他們飛上天空，斷了聯繫，想必將孤獨地沉浸在自己的思緒裡，正如我們現在一樣。

我們坐著凝視葛瑞塔的肺隨著機器打氣放氣而起起伏伏。在她生命的頭幾個月，我們養成一個緊張兮兮的習慣，總是隨時檢查她是不是還有氣。有些夜裡，史黛西會把她從搖籃裡抱出來，放在自己胸前，兩人最後以同樣的節奏呼吸。

頭一次帶她出門，我們用嬰兒背帶把她緊緊裹在史黛西身上。我們會在紅綠燈前暫停，好讓史黛西掀開背帶蓋頭，細數她的呼吸。一個鄰居媽媽（小孩各三歲和五歲）從旁邊走過。史黛西開了句神經質的玩笑，那女人報以心領神會的微笑。「他們會一直呼吸的，」她向我們保證。

接下來幾個月，我們開始適應這個現實。**她會一直呼吸的**，我們告訴自己。慢慢地，甚至不知道自己繃得緊緊的那一面逐漸放鬆，一次鬆開一條肌肉纖維。

我想像所有新手爸媽都是這樣：你慢慢學會相信你的孩子會持續存在。他們的未來開始在你腦中成形，而你為種種瑣事操碎了心。她能在托兒所輕易交上朋友嗎？她的活動量足夠嗎？生命還是很不牢靠，充滿了突如其來撂倒你們全家人的疾病，就像撂倒一地撒了鹽的農作物那般容易。躺在床上會滾下來，跑來跑去會撞到椅子，玩小玩具會噎住喉嚨……這些事情壓在你的心上。但你不再到處看見死亡，只看到挑戰——你和孩子奔跑的障礙跑道；有時你們攜手前進，有時候彼此磕磕碰碰。

到了兩歲，你的孩子就是個小人兒了——她有自己的意見和偏執、喜好與傾向，一群朋友和最愛吃的食物。你們三人有自己才聽得懂的笑話、自己才理解的事情，並且用自家人的暗號說話。你那個老是計算孩子持續存在概率的一面，大致上陷入休眠。它對你已不再管用，對孩子更是從未有用，而你們的前方有那麼多事情要做。

那麼，就在你停止思索會有什麼東西隨時奪走這一切的時候，你的孩子被日常環境橫空飛出的一塊紅磚迅速奪走性命，你的認知會出現什麼變化？你的神經末梢學到了什麼教訓？坐在女兒病床床尾，我麻木得無法吸收這種種感受。但我會的，很快就會。

✦

在不是時間的時間裡，那幾個小時像河水蜿蜒流過。終於，李醫生把我們叫進另一個房間，討論後續事宜。「在我看來，」她說：「我們現在可以撤掉她的維生系統。或者，」她停頓半晌，「我們可以談談器官捐贈。」她留待那些字句在我們心底炸開，然後慢慢沉澱。她接著說，儘管葛瑞塔頭部受到重創，器官卻奇蹟似地保存下來。心臟、肝臟、腎臟——全都完好無損，處於最佳狀態。

「如果你們決定走那條路，我們必須先進行反應測試，確定她已腦死，」李醫生說。她接著補充，「那只是走個形式，」這切斷了我們沒有說出口的問題：她真的腦死了嗎？「我們沒有從葛瑞塔身上看到任何反應跡象，但是如果要開始搜尋受贈者，我們必須做一連串測試來判定腦死。」

李醫生持續說了一會，我靠在椅背上，讓這個念頭湧入心底。她站起來，「我讓二位討論討論。」

史黛西和我獨自坐著。回頭想想，我不認為我們倆曾有一絲一毫疑慮。我是個作家，是那種一講起話來滔滔不絕，必須努力閉上嘴巴，好讓別人有機會吸到氧氣的人。但這時卻是史黛西找到並說出我們需要的話：「我需要這件事存在某種意義，」她告訴我，「或許這麼做，事情才不會毫無意義。」

我點點頭。我不知道她汲取的是哪一個清澈泉源，但我知道她已為我倆找到一條直通真理的道路。

✦

我們立刻召來李醫師，告訴她我們願意捐贈器官。**那是我們所做的唯一一個簡單決定**。

器官捐贈組織 LiveOnNY 的第一位代表隨即抵達。他的名字是詹姆斯，一邊自我介紹，一邊遞給我一份文件夾，並強調我們的無私正在挽救並改變生命。我打開文件夾，瞥見那段話一字不差地印在第一頁。他說話的時候，我的眼睛落在一條條有關如何應付悲傷的建議。「想哭就哭，」其中一條寫著。「對於逝去的親人，你想談就談，不想談就不談，」另一條如是建議。「悲傷沒有『法則』，每個人有不同的需求。」還有一條則提倡劇烈運動的重要性，據說有助於對抗憂鬱。我瞪著這些文字，直到它們烙印在我的腦海中。**它們是教導我如何在這個新的星球呼吸的第一套指南**。

第二位代表，莫拉，不久後也到了。她帶領我們回到李醫生宣判葛瑞塔病情的那個房間。這段期間，每個人似乎都覺得如果要對我們傳達任何訊息，非常有必要把我們送進某個房間，任何房間都好——他們帶著我們在同樣的三個地方轉來轉去，彷彿這麼做或許能排遣或舒緩痛苦。

關上門以後，我驚愕地發現莫拉淚水盈眶。她把一隻結實發紅的手放到胸前。「首先，我想告訴你們，我也是個母親。我為你們心碎。過來這裡，」她示意我們上前擁抱她。

我呆住了，被逼得無路可退，最後才僵硬地投入一個不請自來的擁抱。她的身材矮壯，我的眼神盯住她肩後的十字繡窗簾，從五開始倒數，直到她鬆手放我一馬。

她對史黛西同樣擁抱如儀，然後和我們面對面坐下。淚水滾落她紅潤的臉頰。她似乎悲傷得不能自已，找不到話頭展開有關受贈者、時間表和必要文書工作的話題。史黛西和我察覺彼此心中的些許狐疑：她肯定不是對每個即將喪子的人都來這一套吧？

我們逐漸明白，器官捐贈流程是個奇怪的組合，既難以名狀又平淡無奇。其中一端是一個真正的實體：安全裝在我女兒小小身軀裡、岌岌可危卻還溫熱的內臟。另一端則是政府為了合法逐一摘除這些器官、重新分配給其他公民，編織出微妙而紊亂的路徑。即便在這裡，總還有不知道從什麼地方冒出來的勾選框需要打勾，還有一連串例行問題需要提出與回答。

我們再度被送進另一個房間——有一張長桌的邊間會議室——以便接受這些提問。莫拉帶著歉意整理眼前文件，然後執起她的筆，莊重地坐著，略顯遲疑地投入第一份表格。你們要來一杯咖啡嗎？不，不用了。

「授權尋找受贈人之前，我們得先問問你們這些問題，」她開始說，依然低著頭。「我只想說，我要先對表上不合乎情況的問題致歉。我們……我們還是得問完每一個題目。」她的眼睛直勾勾盯著桌面，只有在問題特別惹人氣惱的時候，才偶爾對我們投以痛苦的一瞥。「病人是否曾經吸毒？」「性生活是否活躍？」「她是否懷孕？」不，沒有，沒有，她沒有。

「真不敢相信你們沒有專門替兒童設計的表格，」史黛西一度窩進椅子，揉著眼睛呻吟說：「她才兩歲。」

我的父母當天晚上抵達，立刻趕來陪伴我們。所有人呈扇形散開，猶如宗教畫中的人物。媽媽坐在我身後的窗檯，我坐在地上，頭枕著她的膝蓋，彷彿重回兒時。

蘇珊坐在葛瑞塔的床尾，低聲啜泣。「為什麼不是我？」她對著虛空質疑，沒有特定針對誰。

我抬頭看她一眼，她的心痛如陽光般刺眼——讓我無法直視。沒有人回答，但我在心裡對她說：**不該是妳，不該是葛瑞塔，誰都不該遇上這樣的事**。

我們望著高架子上的巨大紅色數字波動起伏，取代了時間意識。那些數字，追蹤著我兩歲女兒因維生系統而保持穩定的心跳速率。護士注視螢幕，留意令人擔憂的驟升或暴跌。在她床頭有個看起來會嘎吱作響的架子，液體從那上頭的管線傾瀉而下，注入她身上我已無心留意的許多地方。每隔幾分鐘就會有一根管子纏住或打結，引發機器反覆發出沉悶的嗶嗶聲。這時會出現一位護士，著急地跳著拉扯、調整、晃動的舞步，直到鬆開打結的地方、機器恢復平靜。

史黛西和我輪流在她的床尾補眠。創傷睡眠裡不會有夢：疲倦與震驚是可靠的副駕駛，在你最需要的時候接掌了控制權。有時候，我彷彿沒注意到旁邊有人，反覆脫口說出：「我不如死了算了。我為什麼不能乾脆死掉？」我可以感覺我的心揶揄地看著我，在每次跳動之間詢問：你確定要我繼續跳下去嗎？我躺在窗檯上對母親說，我不知道如何活下去。

「你最好別做什麼傻事，」她輕聲回答。

大半個夜裡，我穿著襪子在醫院這一翼晃來晃去，跑了二十或三十趟廁所，有時只是沒事找事做，洗個手就回到女兒床邊。廁所的地板和牆面貼了灰色磁磚，彷彿一座高壓艙；我聽見自己的哀嚎，心想那必定是別人發出的吶喊。我躲避鏡中的凝視，沒興趣知道跟自己的眼神交會是什麼感覺。

不論走到哪裡，眼前只見空蕩蕩的走廊——沒有人待在等候室、沒有排定的其他手術、沒有半個人影。第一夜為我的改造教育開啟序幕：地球如今成了外星球，我是在地表留下足跡的訪客。這一回我學到新的小技能——本能地知道自己會需要的社交禮儀。我優雅而順從地接受一名夜班護士的擁抱。她的眼神湧出善意，鼓勵我不要「放棄」我們的寶寶。畢竟，主耶穌會製造奇蹟。

這個場景詭異地令人聯想起葛瑞塔出生那一天，當時在曼哈頓市中心，妻子和我擠在她身旁，在不尋常的寂靜中眺望窗外，凝視我們周圍的城市。兩次的平行空間中，身旁唯一的人類似乎都是特意被派來帶領我們穿越過渡期的一群幫手。她出生那天是助產士麗塔和陪產員娜琪；這一天則是神經外科醫生、李醫師、兒童加護病房的護士們，以及 LiveOnNY 的工作團隊。

早上，我到浴室淋浴，換上母親在附近 Gap 幫我買的運動褲和 T 恤。我的哥哥從科羅拉多州搭紅眼班機抵達，一臉憔悴。史黛西的兒時摯友、情同姊妹的莉茲，也從倫敦趕過來。被疲倦與傷痛弄得魂不守舍的史黛西，本能地喃喃問道：「旅途愉快嗎？」

莉茲看著她，開始大笑。她的聲音透過淚水帶著令人寬慰的尖酸味道，「棒呆了，小黛，」她挖苦說：「簡直棒呆了。」

我們盡可能替每個人更新消息。幾個小時後，醫生會來宣布葛瑞塔腦死。他們會暫時關掉呼吸器，仔細觀察是否出現獨立呼吸的跡象；會測試她的腦幹反射——那是生命的最基本特徵。我們淡淡地強調，他們沒期待會有什麼發現。

由於發生意外時，史黛西還在親餵母乳，顯然有人需要來抽她的血。他們要她的血幹嘛？我們沒有完全弄明白，但在我的腦海深處，這件事情似乎相當合理——血液、母乳、蠑螈的眼睛、童子的頭髮。我們捲入了邪惡的肉身祭祀儀式，沒有什麼會讓我吃驚的。如果有人來找我，鄭重其事地說明他們需要割下我的舌頭，送到實驗室化驗，我八成也會乖乖張嘴，二話不說。

基於某種原因，血液必須送到費城——車程大約三小時。「我們會盡快送過去。」我們得到了保證。到時候——非到那時候不可——才能開始打電話給可能的受贈者。這段期間，葛瑞塔會被維持生命。史黛西爬上病床，把頭放在枕頭上，緊靠著葛瑞塔。我把頭輕輕貼上她的胸膛，感受它的起伏。此刻的相處時間感覺既恐怖又珍貴——終點是如此清晰明確。到了未來二十四小時內的某個時間點，我們甚至連這個樣子的她都無法擁有。

我們得知上午八點左右會有護士來抽史黛西的血，但是時間到了又過了，卻沒有看到護士也沒有接到任何通知。我開始冒出一股莫名的不舒服：一種老式的怒火，熱辣辣的感覺穿透了我被創傷籠罩的冰冷麻木，即將衝破包圍。我繃緊了額頭。

「他們在哪兒？」史黛西呻吟。

「我相信他們很快就到了，」我母親說，聽起來卻不怎麼肯定，但她知道自己在這緊張時刻該說什麼台詞。這種情況熟悉得令人討厭：典型的紐約市情節，所有人枯等著某個毫無意義的混亂局面得以獲得澄清。

一名護士終於帶著針筒和空瓶子出現，我感激地緩了一口氣。瓶子裝滿時，我掏出手機，一位工作夥伴的簡訊迎面而來：「我剛剛聽到消息。讓我知道能為你們做些什麼，我會在精神上支持你。」

「謝了。你是怎麼知道的？」我回他。

「《紐約郵報》（*New York Post*）的報導。」

我在窗檯上挪了挪位置，環顧整個房間。前一天晚上首度有記者打來，在史黛西的手機裡留言。我們隱約知道葛瑞塔的出事現場有新聞轉播車，但我還沒想到我們的遭遇——我們這一家人——或許會有超過三分鐘的新聞價值。

蘇珊找到《郵報》的報導，不過我不忍閱讀。「他們說我八十歲！」她忿忿不平地喊叫。她上星期才剛滿六十。

四十五分鐘後，《紐約每日新聞》（*New York Daily News*）也發布了消息。這一次我讀了：有一張我女兒的照片，她的額頭被固定在擔架上，擔架的輪子搭在救護車車尾。擔架是給大人用的，她躺在擔架中心，看起來好小，彷彿玩具娃娃。那張照片對我沒有任何作用。坐在她面前，我明白照片的景象只是我們此刻正在經歷的夢魘前奏。還有一張警察攙扶蘇珊的照片，相機捕捉了她迷惘的雙眼。文章引用一位不具名鄰居的話：「這是個難以想像的悲劇。她只有那麼一個孫子。」

我帶著媽媽走到樓下咖啡館。家母和我都有一副躁動不安的靈魂，需要稍微獲得釋放。我點了一份被蒸得塌掉的起司蛋可頌，以及一杯插著紅色塑膠攪拌棒、味道很淡的苦咖啡。我把可頌放在打開的包裝紙中央，挑掉起司溶化後流出來的邊邊角角，脫口說出心中的疑問：等到她真的走了，等到她的身體被剖開來，等到我們離開醫院卻沒帶她一起回家，我該怎麼辦呢？

有時候，把葛瑞塔送到托兒所後，我發現自己的目光渴慕地順著小小的走廊進入遊戲間。有一部分的我想要蹲在地上，整天跟她的小朋友們混在一起，逃離大人的世界。或許，我可以暫時到某間家長合作式的幼兒園當志工，隨便找件事來填補心中空缺。我啜了一口咖啡，感覺胃縮了起來，直往下沉。

我的母親自顧自回到樓上，我放膽走進中庭，仰望灰濛濛的天空。已經五月了，但是天上還有雲朵，空氣中陰冷的溼氣還沒蒸發。我打電話給好朋友安娜，她是一名舞者，已經離開紐約，搬到俄亥俄州。她後來追述我對她說的話，「我們得開始結交死過孩子的朋友了。」我不記得自己曾吐出這些字句，但幾個月後再度聽到這些話，我猛然一驚：即便那個時候，**一小部分的我已經在為生存做長遠打算**。

我打電話給我的心理諮商師，她是一個認真而嚴肅的女人，我最近才剛開始接受治療。她這下可碰上棘手個案了，我思忖著。我告訴她事情經過，她平靜地叫我每隔半小時或一小時跟她連絡一次，好幫助我繼續走下去。她說她深深替我難過，但她的聲音不露一絲情感，而且毫無抑揚頓挫。我感覺她在壓抑反應，要把自己變成可以讓我倚靠的無生物。我感激地把全身重量壓在她身上。

我回到葛瑞塔床邊，病房裡的氣氛很緊繃：一個多小時前抽取的史黛西血液樣本，還被丟在旁邊的桌上無人聞問。這代表著它們還沒在前往費城的路上，連帶意味著葛瑞塔徒然在幽冥之間多耽擱了好幾個鐘頭。我望著那些試管，怒氣在胸中沸騰。官僚體系的任何小失誤都不可原諒，其中一個失誤剛剛擊碎我女兒的頭蓋骨。我大踏步穿越兒童加護病房，打算和第一個跟我四目交接的人對看一番。正如醫院裡經常發生的事，我把一肚子火氣撒在對我們的情況毫無掌控能力的護士身上。

「我保證會想想辦法，」她說。

幾分鐘後，詹姆斯重新出現，護士簇擁著他走過來，匆匆忙忙收走試管。

「之前怎麼沒有人來收走這些血液樣本？」史黛西質問：「過程已經夠漫長了，我們都在等待。葛瑞塔也在等待。我們唯一等的就是這個東西！」

詹姆斯顯得有些支支吾吾、焦躁不安，就像剛剛被上司吩咐要對病人委婉些的那種人。他不自然地拉高聲音，迴避我們的目光。「聽我說，護士本來就要進來了，」他突然開口，「但是她真的很怕你們會打退堂鼓。」

我們瞪著他，確信他明白這樣的話並不得體。他沒有一句道歉就轉身拖著腳步離開。門關上的時候，史黛西不敢置信地望著我，我們倆無可奈何地淡淡一笑。不管怎麼說，試管終於收走了，我稍微放鬆下來。再度檢查手機，看到來自記者的電子郵件。

「謹代表敝社每一個人為您致上最衷心的弔慰，」那人寫著，「葛瑞塔似乎是個奇妙的孩子。我們正在寫一篇有關她離世的報導，如果您願意分享任何訊息，希望您知道，我們隨時在此為您服務。」

我向下捲動收件匣；一連串標題為「葛瑞塔」的郵件，發自許許多多陌生人，以及WABC電視網的《內幕新聞》（*Inside Edition*）節目。

不久後，來了一名醫院高階行政人員。「首先，沒有人知道你們在這裡，」她向我們保證。「不過，醫院的電話被記者打爆了。許多人沒有表明身分，或者試圖佯裝親人來探聽消息。他們打電話給市裡的每一家醫院。等你們準備好回家，我們會護送你們出去，確保你們能悄悄離開。外頭或許有媒體埋伏，我們會留意電視轉播車。」

我想像新聞轉播車像瓢蟲般在城市爬上爬下，停在醫院外頭，盼望好運降臨，能讓他們拍到雙親哀痛逾恆的畫面。噁心反胃的感覺一時排山倒海而來。

我們在葛瑞塔旁邊的空病床，召開一場簡短的家庭會議。

「好吧，我們需要準備面對被外頭記者撞見的可能性，」我說：「我們該怎麼做？」

「如果有人膽敢問我問題，我會拿西恩．潘（Sean Penn）[1]那一套給他一點顏色瞧瞧。」我哥哥嘀咕著。

我猛然轉身面對他，霎時間，我在自己內行的事情上收復了掌控。「不，不可以。如果有人問你什麼，我一字一句告訴你該怎麼做，你要對他們說『無可奉告』，然後轉身走開。他們要的無非一篇報導，你在『無可奉告』之外所說及所做的第一件事，就等於把材料送到他們手上。明白了嗎？」

我的哥哥挪動了身體，他是個大男人，不習慣在別人面前受到吆喝。他咕噥著答應。我大為振奮，緊接著轉身確認我的爸媽也明白狀況。我被分派了一個可以解決的難題。葛瑞塔不會甦醒，但我可以把媒體擋在門外。

中午，醫生前來執行腦死檢測。我望著一群人在她身邊擠成一團，忙東忙西。他們拔掉呼吸器，觀察葛瑞塔的胸部是否出現自主運動。史黛西和我靜默得可怕，聚精會神凝視她的胸口。她一動也不動地躺著，我從未見過她如此沉靜。隨著這無止境的一分鐘繼續延伸，我突然感到胸口一陣灼痛；原來我也屏住了呼吸。

終於，他們為她重新接上呼吸器。她的胸腔鼓起，我呼出了一口氣。再也不在乎是什麼東西讓她的肺葉活動，我只需要見到它們繼續活動。

他們圍到她的床頭，拿光照她的瞳孔。我們站在床前觀看；我們需要再次見到那雙眼睛。她的眼皮因腫脹而緊閉，工作團隊費了一點工夫才終於撬開。當光束打進她的角膜，什麼事情也沒有發生——光束彷彿打在大理石上。我女兒深邃而柔和的雙眼，如今只是兩顆眼球，裡頭空無一物。

整道殘忍的程序大約費時十五分鐘。醫生退開來準備善後，我可以察覺一切終成定局。葛瑞塔的死亡如今已成客觀的法定事實，她在政府眼裡已經死了。

他們走後，史黛西爬到床上，躺在葛瑞塔身邊。我們心裡很清楚，葛瑞塔的內在已一去

1　編按：美國演員、導演和政治活動家。一九九三年，在犯罪電影《角頭風雲》（*Carlito's Way*）中的表現而引起關注。

不返，但在我們藏身之地的深處，有一些極其可怕，以至於永遠不能被稱作「寬慰」的東西——但我們確實稍微感到放手，感到繫船的栓繩滑進了水中。我們永遠不必為她選擇，不必被迫揪著心計算她的「生活品質」。她已堅定地抵達另一邊，從我們手上奪走了控制權。

我踏上走廊，低聲向哥哥坦言，非常擔心自己也會失去史黛西。畢竟，這種打擊會讓最堅強的婚姻都為之破裂。

我走回病房，史黛西從床邊抬起眼來，對我微微一笑。「找到你了，」她站起來擁抱我，給我一吻。我蒐集每個人的點餐清單，準備再跑一趟自助餐廳替大夥兒買咖啡和點心。就在我再次邁出房門時，她說了句，「我愛你。」

當我搭電梯到底層，一個荒謬的念頭跳進我的腦海——**我們會沒事的，我們會撐下來，我們即將進入難以想像的生活，但終究會熬過去**。那個念頭持續了幾秒，就向泥流裡的一條魚。但我緊抓住它不放：那個吻、那抹微笑和那句不經心的「我愛你」挽救了我。

✦

當我八年前第一次見到那抹微笑，我感覺到了一點什麼：那笑容的率真、慷慨和澄澈裡帶有一絲意味，彷彿這世界是一條需要被照亮的鄉間公路。

這正是爸爸媽媽喜歡拿來逗小孩的那種修正主義式胡說八道：「我第一眼看見你媽就知道了。」偶爾當我的瑞奇叔叔第一百遍正經八百宣稱，結縭五十載的妻子希婭是他的前世情人，或是他命中註定的靈魂伴侶，我總會不耐煩地翻翻白眼。

我自己的父母就沒有這樣的浪漫軼事：他們的求愛過程錯誤百出，令人耳目一新。第一次約會，我父親無意間帶我母親上了同性戀酒吧。（「這裡每個人都在盯著妳瞧，不是嗎？」他問她。我母親強忍住笑意回答，「不，我覺得他們是在看你。」）十五個月後他向她求婚，當我母親點頭答應，父親突然臉色發青，好幾天不說一句話。我母親笑著告訴他，他們沒必要進入婚姻——她已經結過一次婚了。一直到一個星期後，她在電話上聽說他接受了遠在州的另一邊的一份工作，他才從門口探頭進來問：「妳還是會嫁給我的，對吧？」

多年來，我在笑著反覆述說這些故事的餐桌旁長大，對於靈魂伴侶或前世情人這些事情從沒什麼耐性。在我看來，人們找到能跟他們的生活合拍的另一個人，然後基於某種理由決定綁在一起共同面對一切，或者決定分開。許多因素影響了這個決定，有些因素很實際，有些則否。要是你多年後認定自己選擇的人是你的靈魂伴侶呢？那好極了。只因為起跳之後安全著陸，不代表你知道自己會跳到什麼地方。

然而。當史黛西——站在我辦公桌旁的一位新同事——初次見面時握住我的手，我還記得瞬間從接觸點竄進大腦的感受，傳達了一個清晰的訊息：這很重要，專心一點。如果不是那份感受至今仍然清晰真切，如果不是那份詭異得彷彿認出了什麼的悸動，我可能會把它斥為浪漫懷舊。或許，這就是對自詡為懷疑主義者所施加的懲罰吧：他們被當頭棒喝、大刑伺候，想不相信都不行。

一個月後，我們加深了彼此的認識。在一場糟糕透頂的辦公室派對上，我們是頭兩個排隊拿起司塊的人，希望藉食物來掩飾自己的彆扭。我們都在二十好幾的年歲中漂泊：史黛西原本是大提琴手，不過自音樂學院畢業後就失去了對這個樂器的興趣。她來到這個死氣沉沉的古典音樂非營利組織，仍然在尋找新的人生目標。我則立志成為音樂記者，迷迷糊糊幻想在搖滾秀上一邊灑著啤酒、一邊潦草書寫。然而，我卻發現自己處在馬勒（Mahler）和史特拉汶斯基（Stravinsky）的音樂會，置身於上西城的銀髮族之間。我們兩人合起來大約超重了三十磅，而且都頂著一頭糟糕的髮型。我們傾身靠近彼此，宛如在分享只有兩人知道的一則笑話。

後來，我們隨意走向兩位同事，他們正在討論作曲家西貝流士（Jean Sibelius）（由此可見這場派對多麼糟糕）。「對我來說，他的音樂就像沒有意義的性愛，」史黛西認真地說，說之前還先打了預防針：「我們是在辦公室派對上，所以我覺得直說無妨。」我身邊的傢伙突然捧腹大笑，他抓著塑膠杯的手鬆了，肩膀也放軟了。周遭的人變得比較自在，不過他們並未察覺原因。我察覺到了。

「你有非常開闊的個性，」史黛西在我們第四次約會時告訴我。我從未得到這樣——或至少類似這樣——的讚美。她凝視我的雙眼，由衷地說。她沒把其餘的話說出口，但我從她的臉上表情聽得明明白白：我想，我為此愛上你了。

其他事情——我們第一次一起過夜、第一次到我爸媽家過耶誕節（我們被逮到在浴室裡抽大麻，那是我人生中第一次，也是唯一一次）、一起煮的第一頓晚餐、我在十八個月後的求婚——都恍如初見面那一刻就在我眼前清清楚楚展開的卷軸。

✦

我們面臨一個沒得商量的期限。葛瑞塔的血壓暫時保持穩定，但只能維持一段有限的時間。LiveOnNY工作小組進駐一間比櫃子大不了多少的辦公室，快馬加鞭打電話聯絡名單上的潛在受贈者。隨著他們一一鎖定目標對象，時間也滴滴答答流逝，越來越緊迫。

那天稍晚，辛西亞——一位頭髮超短的黑人女性——走進來對我們宣布結果。費城有個三歲男孩需要心臟，另外有個六歲女孩需要肝，還有兩個成年男子各需要一顆腎臟。

但是首先，葛瑞塔必須保持穩定。她已經接上維生系統二十四小時了，還得再撐十八個鐘頭。看著她如此委曲求全的小小身軀，我突然感覺是我們把她羈絆在這裡，她有別的地方要去，此刻只是在等待。如同 LiveOnNY 的受贈者，如同名單上的其他家庭：我們全都只能等待。

那天半夜，葛瑞塔監測器的嗶嗶聲開始出現一種新的節奏：綿綿不絕，透露著不祥。她的血壓飆高。護士進來調整點滴裡的藥劑，我們注視著數字：下降，然後上升，再上升，上升，上升，衝破了她的器官可以延長存活時間的臨界點。船隻即將傾覆，我們每個人都將滅頂。我在小房間裡走來走去，然後跪下來，雙手握拳重擊地板，放聲大叫。

「冷靜一點，小傑，」我母親說。

「妳到底還要我怎麼做？」我吶喊著，仍然匍匐在地。

史黛西在機器的嗶嗶聲中輕撫葛瑞塔的頭，低聲耳語，「小猴子，再一下下就好。」

我再也承受不住，轉身走出病房，猛拍 LiveOnNY 小組正在工作的辦公室房門。我打開門，看見一組睡眼惺忪的人馬：四名穿著手術服的人，正通宵跑著全世界最淒涼的電話馬拉松。那時是凌晨三點。

「我女兒的血壓直往上竄，他們控制不住情況，」我帶著可怕的平靜說：「我需要你們告訴我手術會在什麼時候進行。你們有什麼辦法加快腳步？我女兒受的苦已經夠多了。」

辛西亞絕望地朝電話揮揮手，「我們正在安排每個人飛過來。目前來說，我希望手術排在上午八點，但也有可能延到十點，或者再晚一點。」

再晚一點？我站在門口，想著女兒的殘破身軀，想著她的胸膛拜機器之賜上下起伏的模樣。我想到她的靈魂被困在兩個階段之間，就像飛來飛去撞玻璃窗的蒼蠅那樣。然後我撂了一句狠話，直視辛西亞的眼睛說：「假如她沒撐到那個時候，這整件事情的毫無意義會一輩子纏住我不放。」

我望著這個女人——這個過去十二小時不斷設法挽救全國各地好幾個家庭的生命、接連好幾個鐘頭在腦子裡盤算各種可怕，且難以想像的因素的女人——在我眼前崩潰。她的肩膀垮掉，無意識地嗚咽說：「拜託，別這樣。」我轉身離開，房門在她的額頭栽到桌面那一刻闔上。

當我回到病房，葛瑞塔的血壓已經降下來一點，暫時維持在警戒線以下。我的母親、史黛西和我把持住自己，繼續等待。血壓又降了一點。

「對了對了，」我母親喃喃地說：「就是這樣。」

葛瑞塔在裡頭的某個地方，她還在硬撐。

史黛西親親她頭上的縫合針。「小猴子，妳做得真棒。」

我的目光越過互相依偎的家人，望向窗外，看見發著微光的大樓一棟挨著一棟擠滿天際。我的腦子閃過一個念頭，彷彿意識被針扎了一下：**這座城市殺了她**。是我們幹的。家人當中，只有史黛西和我蠢到嘗試在這個擁擠而喧鬧的城市中心養育小孩。

我母親二十出頭歲時在紐約住了幾年，當個護士。小時候，我經常聽她說一九七〇年代她在C大道（Avenue C）上跳舞，以及三更半夜喝得醉醺醺、踉踉蹌蹌穿越後街小巷，老天保佑才能活到現在的英雄故事。等到生了小孩，她已經搬到北方幾小時外的地方，距離這座城市的亙古混亂幾光年之遙。我父親被困在長島（Long Island）孤獨地長大，在他眼裡，紐約市是個千瘡百孔的破爛地方，反映出人性最惡劣的一面。我的哥哥嫂嫂在紐約相遇，在中產階級化之前的威廉斯堡（Williamsburg）一棟沒有電梯的四樓公寓，度過當時史上最熱的夏天。然後兩人毅然決然辭去工作，搬到科羅拉多州，過程中立刻甩掉十磅體重，和一股揮之不去的憂傷。他們的第一個兒子四年後出世。

不過史黛西和我擁抱這座炎熱的城市，在這裡安營紮寨，建立家庭。葛瑞塔嬰兒時期就能在猛然作響的汽車警報器、街頭巷尾的窗口零星傳來的吼叫聲，以及野貓偶爾的哀號中，安然睡過一整夜。我們把這座城市的危險，視作永遠在咫尺外瘋狂咆哮的噪音。我們的鄰居被搶，我們沒有；我們的車窗被砸了，不過什麼也沒丟。

我們愚蠢、傲慢、輕率，為此付出了終極的代價。

太陽在我們頭上，宣示一天的開始以及隨之而來的每一件事情。一家人——我的哥哥、丹尼和伊麗莎白、我的父母，還有蘇珊，圍著葛瑞塔。史黛西的弟弟傑克剛剛到我們家辦了件糟心的差事回來。他走進灑滿葛瑞塔實際生活痕跡的臥房，抓起她最愛的絨毛玩具——小雛菊（一隻以我母親的金色拉不拉多犬命名的黃色小狗），以及她那件有鴨子圖樣、原本屬於史黛西嬰兒時期的毛毯。他還拿了葛瑞塔的紅色圓點洋裝，這是被她叫做「我的漂亮裙子」、經常指名要穿的衣服。當她穿著這身衣服走路，裙擺在她腿上展開，喜悅全寫在她臉上。有一次我們逮到她站在小小的玩具鏡子前，怯生生地用她的小手不斷撫摸身上的洋裝。

除了這些東西，傑克還帶來他的吉他，此刻坐下來開始彈奏。我們把葛瑞塔的漂亮洋裝鋪在她身上，把小雛菊塞在她的胳膊下，為她蓋上鴨子毛毯。我們正處於緩刑期，一時恍如在開家庭聚會。

手術時間慢慢靠近。一股不祥的預感令我心慌，迫切需要房門保持緊閉。我的女兒還在我的面前，還在呼吸，完整無缺。當她即將驟然徹底離去的想法撲面而來，有關怎麼做和為什麼的種種細節，對我而言突然不再重要。把她留在這裡，我心裡想著。

護士敲門，我的耳中湧上一股巨大的轟鳴聲——我的脈搏在狂跳，而我接到了整個演化史上最原始的訊號。**別讓他們帶走她**。

我環顧四週，看見我的哥哥當眾流淚。他的臉皺成一團，在此之前，我或許只在他臉上看過一次這種表情。我在他們包圍下站起來，霎時彷彿在舞台上粉墨登場。這是我的希臘悲劇，結局由我決定。

「嗨，寶貝女兒，妳做得真棒。」我以輕快的加油聲說：「現在該走了，好嗎？我會一路陪著妳走，好嗎？」

好幾名護士圍在她的床畔整理管線，準備搬移。我淚眼模糊，彷彿一下子喪失了視力。我挺直身體。這會要了我的命，我合理地想著。我需要做的，無非此時此刻跨出一步，這樣一來，我就死不了了。

我抬起一隻腳，感覺血液從頭部往下竄。在他們開始推她出去的時候，把一隻手放在她的床後。我想起聖經人物拿順（Nahshon）受摩西指派，信步走進深可滅頂的紅海。屋內的哭聲從壓抑的啜泣迸發為一陣嚎啕，我仍然一聲不響。我看著她的頭頂，雖然因為過去四十八小時的遭遇而一片瘀青，但仍然像鵝蛋一樣漂亮而脆弱。我們即將走到加護病房區的門口；一個即將成形的世界、一個沒有葛瑞塔的世界，就在門的另一端。

站在右側的護士按了按紐，門刷地敞開。我們挪動病床的角度，然後轉彎，進入電梯。

「小猴子，只要再一下下就好，」史黛西悄聲說。

我注視女兒的破碎身軀。她的表現實在太棒了。在她最後一次展現決心與毅力的時候，我的內心漲滿了洶湧而巨大的驕傲。

電梯開始向下，我突然全身打冷顫。**這會要了我的命，但只要跨出一步，就會安然無恙。**我俯視葛瑞塔的雙手，她小小的手指蜷曲在鴨子毛毯的邊緣，和她睡著的時候一樣。電梯門開了，我再度感受那股屬於中世紀的衝動：生而為人，絕不可輕易交出孩子的軀體。但我們已走到這裡，沒有時間了。我鬆開抓住床沿的手，我女兒躺在上頭的那張病床繼續前進。葛瑞塔走了。

史黛西和我跌進彼此的懷抱，感覺我們之間出現了一個永遠無法填補的大洞。我相信，一部分的我們還留在某個深處緊緊抓住對方，納悶自己為什麼沒有死去。

回到病房後，我感覺屋裡瀰漫一股顯而易見卻沒有人說破的解脫感。我們的生活被打成碎片，散落一地，永遠拼湊不回來；立刻認清這一點帶來了些許平靜。當大樹倒下來砸中你家側面，你會無奈地笑一笑，納悶它造成了怎樣無可挽回的損失：沒有人會期望你把那樣的碎片拼湊回來。我們在葛瑞塔的死亡中所扮演的關鍵角色已經結束，現在是為其他許多事情動員起來的時候了：為了那些該打的電話、為了喪禮、為了整個世界。

我再度望向窗外的大樓，先前那股強烈的不祥預感已經煙消雲散。死亡隨時降臨全世界各個角落：降臨在酒後駕車、翻覆在陰暗鄉間道路旁的青少年身上；降臨在住宅區裡，被百葉窗拉繩纏住脖子的寶寶身上；降臨在郊區游泳池裡，載浮載沉的幼童身上。這些大樓不過是建築物罷了，不具備任何特殊角色。

SECTION TWO

劫後

The Aftermath

那是個八月天，發生意外的九個月前，妳十六個月大。我們家在裝修廚房，整間公寓成了難以居住的一片狼藉。我那天要帶妳去找蘇珊，隨著工程持續延宕，蘇珊照顧妳的次數也越來越頻繁。我們的生活一團混亂，疲於奔命。雖然失控，卻很安全。

「寶貝女兒，該走了！」我喊著。

我們在社區的小小遊樂場，妳坐在覆蓋水泥地的塑膠墊上，離我十呎遠。妳百無聊賴地拿起一截粉筆在身邊的地上塗塗抹抹，留下一片漫漶的粉紅色痕跡，什麼話也沒說。

我把左手拿著的半根香蕉放在嬰兒車篷頂上，和揉成一球的起司條擺在一起，在妳身邊蹲下。「我們要去找蘇西外婆，」我提醒妳。

「對，我們要去找蘇西哇婆，」妳頭也不抬地附和。在妳口中，「蘇西哇婆」是一組四個字的詞語，重音在「蘇」，後面是聲調逐漸下滑的弱拍三連音。

「可是，寶貝，如果我們要去找蘇西外婆，現在就得走了，」我再度重申：「所以妳得坐上妳的嬰兒車。」

妳站起來，「不要，我不要坐嬰兒車。」妳斷然聲明，然後搖搖擺擺走開。

那是星期六上午八點，妳和我已經在一起整整三個小時。清晨四點半妳就開始從搖籃對我們大吼大叫。我們睡覺的地方是充作臥房的客廳，中間用雙開玻璃門隔成兩半，妳的聲音直接穿透了玻璃門。妳已經接連好幾個月不到清晨五點就醒了，我們無計可施，只好拔掉嬰兒監控器插頭。

等我終於投降，妳已經喊我們喊了二十幾分鐘，聲音充滿怒氣：「媽咪——爹地——!!」我坐起來停頓片刻，稍微清點知覺感官：我的腦子彷彿糨糊，地面似乎離我太遠。我咕噥一聲，站了起來。

我關上身後的臥室房門，把走道上的塑膠簾子從臉上撥開，穿過被攪得天翻地覆的客廳。在我的左邊，我們那台脫位的冷氣機因為一層又一層灰塵，從白色褪成灰色，又變成藍黑色，上頭擱著一架電動圓鋸。為了不弄髒腳，我在臥室門外穿上拖鞋，發出啪嗒啪嗒的腳步聲。我繞過轉角，避開一大塑膠盆的髒碗盤，走到妳門口。我們又有自來水可用了，可是依舊沒有洗碗槽，所以我們每天晚上用塑膠盆蒐集髒碗盤，拿到浴缸泡水。兩間臥室——我們的和你的——是家裡唯一沒有鋪地毯的地方，我們每天拖地，徒勞地對抗失序。

我打開妳的房門，妳就站在床墊上，手抓住搖籃邊緣，雙腿來回擺盪。妳被我們的雜物團團包圍，有如歷劫歸來的船難生還者。「我要起床，」妳大聲宣布。

我小心翼翼選擇一條蜿蜒的路徑走向妳，穿梭客廳的椅子、我的小提琴，還有放在巨大紅色琴盒、被媽咪拋棄的大提琴之間。妳伸出雙臂，我對著搖籃彎下身子，俐落地一舉把妳放到我的胯上。

「我要喝媽咪ㄋㄟㄋㄟ，」妳說。

我們謹慎地穿越公寓，妳緊緊抱住我，饒有興味地凝望我們在家裡製造的災難。我先把妳的腳放到床上。

「嗨，小可愛，」媽咪輕柔地呼喊，她的眼睛還閉著。蒼白的陽光微微打在窗外的屋頂。妳站起來失神盯了一會兒，雙手抓住床頭板。

「看，葛瑞塔，妳可以看見月亮。」我指著說。

妳點點頭，然後噗通一聲躺下來。媽咪掀開上衣，把妳拉進懷裡；妳吸著奶，從頭到尾扭個不停，開心而興奮地踢著雙腿。我在妳身旁躺下，小腳丫咚咚咚蹬著我的肩膀，我在喉嚨深處嘗到了積累的疲憊。

「你聞起來很累，」那些日子裡，史黛西會在我親吻她的時候這樣說。顯然，過了某個臨界點，我開始散發有如腐爛的疲倦氣味。

妳喝飽了奶，往後推開，一溜煙下了床，屁股先著地。這個早晨輪到我起床陪妳，所以我在妳的光腳丫碰到地板那電光火石的一刻，迅速把妳撈起。我們穿上衣服，一起離開，壓低聲音交談。讓媽咪睡覺，晚一點再來找媽咪，我們要去遊樂場玩。遊樂場在外頭，我們要穿出門的鞋子，我們想穿哪一雙鞋？我們想穿那雙粉紅色的鞋，我來幫妳穿。好啦，妳可以自己來。好啦，讓我幫幫妳。

到了遊樂場，我看著妳嘗試爬攀登架。妳的腳老是錯過最底下的橫桿。我留心尋找介於累了與太累之間、最合適的動身時機，就像試圖從落日餘暉解析出一縷粉紅色的光芒。我傳簡訊給蘇珊，樂觀地四捨五入，「看來我們會搭二十分鐘後的班車。」我再一次喊妳：「嘿，寶貝女兒，要不要坐上嬰兒車，吃妳的香蕉？」

妳讓步了。我替妳繫好安全帶，離開小小的遊樂場，其他小朋友正開始陸續出現，後頭跟著睡眼惺忪的父母。手機顯示有一班列車七分鐘後到站。我刷了卡，對票口人員頷首示意。她按下蜂鳴器，打開緊急出入口，我推著妳進去。按鈴開門這整件事情無非做做樣子，因為那扇門根本從來不上鎖。

這座月台在妳出生後關閉了將近一年，所以妳沒什麼機會體驗地鐵。重新啟用後，它看起來跟原本一模一樣。「他們只不過清除了石棉，」史黛西打趣地說。發情的鴿子在我們頭頂上的橫梁咕嚕嚕叫著。我順著鐵軌往前張望，看見B線列車的燈火在一站之外，車頭燈閃閃發亮。我沒對妳說話，因為妳快睡著了。我把我們的動身時機拿捏得恰到好處。

當列車進站，車門顫顫巍巍地打開，我傳簡訊給蘇珊：「如期進行。」我把妳的嬰兒車推上車門斜坡板，固定好輪子，然後鑽進一個空位。我們還有好長一段路要走。我會抬起嬰兒車底部，一邊使勁一邊呻吟地爬上人滿為患的階梯；我會把前輪卡進兩扇即將關閉的地鐵站門之間。一小時後，當我們重新浮出地面，走進晨光之中，會在上西城的奶油色人行道上冒冒失失拔腿狂奔。隔天，我會笑嘻嘻地到蘇珊家接妳。我們穿越的城市還是一座愜意的城市，我們魯莽地穿行，無所掛心，一往直前。

✦

交出葛瑞塔的身體、去動器官摘除手術的一小時後，醫院行政人員前來掩護我們進入停車場。在令人目眩的陽光下，我們聚集在出口旁等待他們掃視周邊的環境：沒有任何新聞轉播車。

我們跟蘇珊道別，她選擇回家——直接回到事故轉角處、葛瑞塔度過最後一夜的那間公寓，她最後的早餐碎屑還留在兒童高腳椅上。「我不會有事的，」她淡淡地說。

我瞪大眼睛望向傑克和史黛西，大惑不解：這樣恐怕不好吧？總該有人說說話吧？但是傑克和史黛西悶不吭聲：她不肯聽他們的話已經不是兩三天的事了。我看著她帶著受傷的腿，痛苦地坐進車子。車門關上，吞噬了她。我想要追上去，想要嚷嚷著叫所有人去拯救她，但我只是佇立原地，一動也不動。

傑克把車開了過來，我們進入車流中，霎時再度被這座城市包圍。我坐在副駕駛座上，莉茲、約翰和史黛西坐後座。有人從前座底下找到一盒爛掉的西瓜片，發出令人難以招架的氣味。「臭死了，」傑克咕噥著發牢騷，後座的史黛西一邊拭淚、一邊哈哈大笑。那味道讓人回想起，最近生活中那一團溫和的混亂。我們搖下車窗讓空氣湧進來，傑克打開震耳欲聾的音樂。

此刻有一位打掃阿姨正在我們的公寓裡——我們忘了取消預約。她知道這起意外。我迷迷糊糊地試圖想像，當她刷洗放著嬰兒牛奶杯的流理台，心知幾天前握著這些杯子的小孩已經死了，不知會有怎樣的感受。

為了殺時間，也為了延遲回家，我們一行人聚集到傑克和萊絲莉位於公園坡（Park Slope）的小套房。我們解開關著兩頭鬥牛犬——黎雅和伊凡——的狗閘門，然後在客廳倒成一團。史黛西和莉茲躺在沙發上，兩個人都睡著了。褪去色彩後，她們宛如靜物。

我在傑克的音響設備上俯身，把車上的音樂轉接過來，「我知道美好時光總會到來，」其中一段聲音嘶啞地唱出這段話。啤酒開了。我們走進用鐵柵欄圍起的小小後院，拉出老舊的綠色草坪椅，坐在木屑堆上。藤蔓爬滿了上方的磚牆。

我們一時之間充塞著劫後餘生的奇特心情，分享著家庭故事，說說笑笑。有些故事甚至發生在醫院——從哀傷的迷惘與困惑中，浮現出來微小而怪誕的事件。只有提到蘇珊才會刺穿表面：我們會陷入沉默，脆弱的泡沫啪地爆裂。醜惡的傷痛瞬間浮上表面，讓我們看清自己：一個相互依偎取暖、傷口還淌著血的破碎家庭。然後有人說了個笑話，泡沫就這樣不留痕跡地再度密合。

我很快認清這個泡沫和它的運作方式。極度的悲劇有一種變化莫測的流動本質，你得靠本能去調適，只能依賴末梢神經和生存所需的緊急化學需求。身體裡的每一種液體都超時湧出——腎上腺素、腦內啡、血液，就像一條在風雨中暴漲的河流。

隨著午後天光淡去，我們的後院派對也漸漸平息。傑克用手指勾著空酒瓶，抓起還留有一口三明治的油膩紙盤，推開紗門。萊絲莉的狗——伊凡——衝進屋裡，跳上沙發。史黛西蹲下來抱黎雅。黎雅跳起來，腳掌搭在史黛西的肩上瘋狂親吻她的臉，就像狗嗅到憂傷的時候那樣。

「我知道，黎雅，」史黛西喃喃說，一邊轉頭逃避被狗直接親嘴的不自在親密。「你真貼心。你看得出來大家都很難過，是不是呀？」

我們塞進自己那台有著破裂保險桿的淡藍色本田飛度（Honda Fit），此刻有張熱騰騰的停車罰單，大剌剌地塞在車子雨刷底下。我再度坐前座，史黛西開車，我的爸爸媽媽擠在後座。傑克已悄悄拆掉兒童安全座椅。

我們得到鄰居的警告，媒體一直在我們的大樓附近窺探。有人看見一名《紐約郵報》的記者在我們那個街區晃來晃去，把麥克風藏在報紙裡。讓人拿麥克風捅到面前的念頭實在難以忍受，於是在史黛西和我爸媽閒聊的時候，我掏出手機開始撰寫聲明稿，以防被堵得無路可逃。

我很早就養成這種一心二用的書寫習慣，正如我的父親——一名泌尿科醫生——學會在半夜呼叫器嗶嗶作響時，像箭矢一般刷地起身的本事。我是個音樂記者兼編輯，多年來總在尋找生活中可以書寫的縫隙：手拿 iPad 站在地鐵上的時候；一邊走路到街角買牛奶，一邊用語音輸入記事的時候。

這種狂躁的行為一方面出自天性，同時因為我在對抗一股有如原罪的內疚：我選擇了一個胡鬧的職業，和家族觀念中的「正經工作」相差了十萬八千里。我的父母在醫界服務，兩人各自辛苦爬了幾層社會經濟階梯，才達到今天的成就。

母親的家族是愛爾蘭裔勞工階級，出身紐約州西部的共和黨紅色地帶[2]。十七歲的時候，父母希望她嫁給本地一個小伙子，但她反而跑去讀護理學院、上夜班打工，嫁給她的第一任丈夫、生下我哥哥，發現自己嫁的男人是個酒鬼、把車庫裡所有酒瓶倒得一乾二淨，然後離開那個男人，成為單親媽媽。遇見我父親的時候，她已經暗自下定決心，如果這輩子得一個人過，她也可以過得很好。

我父親是家中的老么，成長於一個四分五裂、不快樂的長島家庭，滿心渴望逃離。當他沒有被心目中理想的美國本土醫學院錄取，他申請了義大利的波隆那大學，他們收了他。他一句義大利話都不會講就咬著牙上飛機，展開為期三週的義大利文沉浸課程，隨即開始上解剖學和醫學院預科課程——全部以義大利文進行。

我沒有堅毅的奮鬥故事。我是個幸運兒，受到鼓勵與溺愛、照顧與保護。我是個牛犢子，肌肉太孱弱、皮膚太嬌嫩。曾選擇一條荒唐的生涯道路，前途大概落在小鎮的職業高爾夫球手和生日派對魔術師之間。我把我的福氣揮霍光了。

所以我發明自己的寫作時間。我會用嬰兒背帶把葛瑞塔綁在身上，一邊書寫，一邊感受她的呼吸在胸口起伏。這是兩種職業的結合。當我煞費苦心以精準角度把兩者榫接在一起——我是個父親，也是個作家——緩解了我對自己的生命是一場夏令營活動的懷疑。

停車的時候，我剛寫完文稿。這是一份簡短得只有一段話、懇求不被打擾的簡單聲明，心滿意足地收起手機。我已為我的寫作找到另一個用處：保護我那殘破的小家庭。

轉個彎，迎面的是一條恬靜街道，杳無人跡。我舒了一口氣。在門口前廊，我忽略腳下寫著葛瑞塔名字的粉筆字——那是五天前玩的一場遊戲。鄰居在大門口張貼告示，禁止媒體進入。門房荷西正站在門後噴穩潔[3]。他說不了幾個英文字，葛瑞塔知道他的名字，每天早上都會跟他揮手打招呼。他一看見我們，立刻放下雙臂。「Lo siento（我很遺憾），」他難過

---

2 編按：二〇〇〇年美國總統選舉後，紅色已經成為共和黨的代表顏色。

3 編按：清潔劑。目前為美國莊臣（S. C. Johnson & Son, Inc.）所生產。

地說。我們擁抱彼此，這是他在我們這裡當差以來的唯一一次。我們毫無阻礙地穿過大廳，走進電梯，順利得令人心驚。

推開公寓房門，寂靜撲面而來。房裡的東西都不知道葛瑞塔死了——她那頭笑容空洞的紅色小馬不知道，客廳椅子底下的玩具箱不知道，高腳椅上被她撥來撥去的紫色繫帶也不知道。我們帶著這個消息走進每一個房間，彷彿身上帶著天花病毒。

在這新出現的、無路可走的寂靜中，憑空冒出一隻嗡嗡作響的蒼蠅。我們打開每一扇窗，希望微風指引牠飛出窗外，然後在寂靜中坐下來聽牠不斷撞擊窗檯的聲音。我們都沒有勇氣提議打死牠。還記得兩週前，一隻蒼蠅被困在我們的公寓，葛瑞塔對牠的存在著迷不已。她睜大雙眼尾隨牠的軌跡，隨著蒼蠅降落在每一個可得的平面，她的光腳丫也在硬木地板上啪噠啪噠跑來跑去。

我的手極度渴望一掌拍死牠，但是我們越焦躁，她的興致就越高，「蒼蠅跑哪兒去了？」她一遍又一遍地問我們。

凡是惹毛我們的事情都會吸引她注意，直到我們不得不咬牙吞忍下去，屢試不爽。這是幼兒對其它麻煩精同類的自然反應，而這背後似乎存在某種惡搞或智慧的意味：**她找到我們心底的狹隘之處，不斷推擠，直到我們變大**。這隻歸來的蒼蠅像是惡作劇，又像是一次提示：在你最不自在、最心浮氣躁、最小心眼的時候；在你覺得自己被最可怕的衝動控制住的時候，別忘了——我還在這裡。

我們一整個星期聆聽蒼蠅的嗡嗡聲，同時間賓客來來去去，家人和食物填滿了我們的公寓，復又騰空。

✦

其他親戚——我的姨媽和表兄弟姊妹——第一天晚上抵達。他們一起前來，勇敢地沒掉一滴淚；他們緊緊摟著我，沒有多說什麼。我想像他們事先開會商量好了：不准在傑森和史黛西面前掉淚。我們開了一場還算湊合的晚餐派對。我不停播放唱片：輕快的玩意兒，動感的節奏、清亮的聲音。桌上擺滿了空酒瓶。我的布魯克林鄰居跟我的尼加拉瓜瀑布表親開心閒聊，葛瑞塔托兒所朋友的爸媽則跟我母親打趣逗笑。傑克又彈起了吉他，我父親像小男孩似地縮在他的腳邊，兩人和聲歌唱。

我凝望父親，一股近乎保護感的溫柔油然而生。他有一副乾淨的靈魂，表現在他不經心的慷慨和不假思索的熱情上。他總能感應空間中的情緒溫度——儘管不太確定如何是好。

「令尊一直跑來跟我說悄悄話，」史黛西的朋友莉茲對我說。她窩進沙發，坐到我身旁，目光隨著我的視線望向他。「他跟著我從一個房間到另一個房間，拉著我的胳膊，說一些神祕難解的話。你知道他想表達的究竟是什麼嗎？」

我苦笑著搖搖頭。

✦

史黛西和我向來嚮往這種輕鬆自在的團圓——認識的每一個人聚在一起說說笑笑，像是以我們為軸心打轉的線團。葛瑞塔愛過的每一個人都在這裡，這原本會是她此生最棒的一次派對。

我偷偷溜走，推開葛瑞塔的臥室房門。我坐在她的橘條紋沙發椅上，喃喃對她說話，替她列出她錯過的每一個人。我承諾會每天跟她說說話。環顧她的房間：少掉了毯子和絨毛玩具的嬰兒床；她的藍色書架，上頭因為某天清晨玩的遊戲而貼滿一元商店的貼紙。我不久前給她買了青蛙和蟾蜍（Frog and Toad）系列童書[4]，不過她年紀太小，還讀不了。我再次開口，卻遲疑了。話語在她還能聆聽的時候很夠用，每個字都像子彈打進她奇妙的小腦袋瓜，彷彿存進銀行的另一分錢。如今在這空洞的大房間裡，話語已派不上用場，不論對我，或是對她。

家人依依不捨地離開，暫時下榻旅館，只留下約翰照顧我們。我和史黛西躺在床上啜泣的時候，他可憐兮兮地窩在沙發上守夜。蘇揚・史蒂文斯（Sufjan Stevens）[5]的最新專輯《凱莉和洛雅》（*Carrie & Lowell*）在客廳裡輕輕迴盪。那是有關死亡與家庭的音樂：「人終歸一死，」史蒂文斯在其中一首歌中反覆低迴吟唱。我的頭和我的心是一片空虛。

接下來幾天發生的一切，感覺都像謠傳，像臆測。事後追憶這段過程，有如試圖劈開岩磐、探究岩層內裡——熔岩一旦冷卻、堅硬，無非地面上的一道景觀，如此而已。

我知道自己讓人替我做了決定、替我在盤子裡裝滿食物、替我清除路徑上的障礙物。從我的知覺邊緣，察覺到莉茲和安娜在幫我們籌備一場追悼會。哀傷徹底把我擊垮，這個世界立刻且毫無異議地認清這一點，令我稍感安慰：我就像一顆倒地的大樹，青苔和蕈類在我身上星星點點密布。

這段期間，史黛西設法決定印出葛瑞塔的哪些照片，掛在追悼會現場。不知道為什麼，我們從來沒把葛瑞塔的照片印出來：這是被我們暫時擱置的另一樁待辦事項，因為我們確信自己還有時間。她把筆記型電腦放在雙腿上平衡，瀏覽上百張、上千張照片，費勁決定條幅

---

4 編按：童書大師艾諾・洛貝爾（Arnold Lobel）最經典的代表作。

5 編按：美國創作型歌手。

的設計。「有沒有漏掉哪個親戚的照片？傑森的姑姑、姑父會來參加追悼會，誰能幫忙找到他們和葛瑞塔的合照？我們一直很喜歡看她穿這件洋裝——找找她穿這身衣裳的照片。」

當她和一起坐在沙發上的莉茲爭論這些枝枝節節，順便把身旁的親戚朋友拉進來討論，我發現自己帶著既敬畏又擔憂的心情，用眼角餘光偷偷瞄了她一眼。**還有其他人聽見她一直在無聲尖叫嗎**？我納悶著。

✦

我在家中各個角落哀悼，就像古畫裡的男人——扯破衣服、雙手握拳、仰天呼號；史黛西的傷痛就沒那麼露骨。天生善解人意的人都這樣，她認為眼前值得關注的事情很多，她自己的感受只排到第三或第四順位。因此，她的情緒是私密而沉默的，隱藏在聲音與感官裡，不存在於意識中，只有偶然的爆發會逃出她的嚴密監控，掩飾在恰好出現的煩心事底下：可以從她對雞蛋沒煮熟、乾衣機壞掉和巴士遲到的過度反應中，略見一斑。

她坐在沙發上篩選葛瑞塔的照片，神情銳利而清醒，聲音極其平靜，不知道的人絕對看不出她是一個痛失愛女的母親、一個悲傷得幾乎只剩本能的人物。但那是光線玩的把戲，只有我看得見她全身上下布滿可怕的傷疤與創口。

此刻她得全心處理的議題，是如何調和兩份不同的喪禮賓客名單：一份是追悼會的名單，另一份是午宴的名單。哪些人只參加追悼會？哪些人應該受邀參加午宴？一大堆名字在史黛西面前的雙標籤文件上湧動，有如培養皿中的微生物。她不知所措地攤開雙手，無助吶喊：「這是全世界最糟糕的事！」

莉茲定睛看著她，面無表情地說：「我不這麼認為。」

她們倆突然咯咯笑了起來，笑得花枝亂顫。

✧

一天早晨，我們聚集在家裡。就在簡易守喪期間，我猛然站起來。公寓裡的空氣讓我快要窒息，周圍全是葛瑞塔爬過的沙發和椅子。「我要出去走走，」我宣布：「我想多買幾瓶酒，今天晚餐喝。」

家人戒慎地望著我。「你確定要自己一個人去？」史黛西問。

「對，我確定。只不過幾瓶酒而已。我會帶手機。」

我走下樓梯，如釋重負地一次跨兩級台階。

不過一走出戶外，我立刻認清自己的判斷錯得多麼離譜。不論往哪個方向看，我的雙眼都被她遮蔽。葛瑞塔就在那裡，從我的前面跑到街角，繞過圍籬，跑進她的朋友雅各的家。她就在那裡，嘻嘻哈哈跺腳踩著行道樹周圍的「髒泥巴」。我記得自己在她熟睡的時候，推著嬰兒車壓過的每一道人行道裂縫；我重重壓著推車手把，深怕顛醒了她。

我在第一個轉角左拐，赫然發覺這是通往公園的路。我們一星期前才走過這條路，當時她還高聲唱著〈熱鬧的巴士〉（The Wheels on the Bus）[6]。

我憤怒地用掌根抹去眼淚，向後轉回大街，沒發現遊樂場已近在眼前。我彷彿是從動物園逃脫的動物，陷在四線道的高速公路，無法動彈。陽光劈頭蓋臉打在我身上，有如一盞強烈的白熾溢光燈。

一隻手搭到我肩上，「傑森。」那是我們的鄰居歐倫，葛瑞塔的朋友艾亞蕾特的父親，住在同一棟的兩層樓上。她們倆是不搭軋的玩伴——艾亞蕾特活蹦亂跳，不停咯咯笑；葛瑞塔比較內斂，喜歡靜靜坐著——不過她們一見到彼此，總會開心得尖叫。

我的表情是一道敞開的傷口，我沒有心思或時間把自己調整成比較體面的模樣，但他以機警的沉著接納我的面貌。「傑森，你在做什麼？」他輕快而好奇地探問。

「我們需要更多酒，」我指著前面路口囁嚅地說：「我正要去買酒。」

「更多……酒，」歐倫慢慢地說，設法釐清我這趟差事的真正用意。「好的，這樣吧，我去幫你買好嗎？我可以幫你帶酒回來。你要哪一種的？」

我愣愣地瞪著他。

「一點兒都不麻煩的。不如你先回家吧？我會把酒放到你家門口。」

我猶豫了一下，然後伸手進運動褲口袋，翻找帶出來的幾張二十元鈔票。他出聲制止，把手放到我的肩上，推著我向後轉。「別管錢的事了，」他說。

我打電話給我的心理治療師。「她在我眼前無所不在！」我一邊尖叫，一邊按住太陽穴，彷彿要防止血管爆裂。我仰頭凝望，微風輕輕蕩過樹梢，我可以看見每一根枝枒的每一片樹葉在發出聲響，撲簌簌抖動。我的治療師在說話，我設法專注電話裡的聲音。

「你被淹沒了，傑森，」她平靜地說：「你現在應該回家，在家待一陣子。會有時間測試你的界線的，但不是現在。回家去吧！」

我掛掉電話，精疲力盡，麻木而遲鈍。

我在離公寓大樓五步路的地方發現她們：在街道對面，兩個女人坐在停放路邊的車上，吃著袋子裡的食物。她們看見了我，停止咀嚼。我慢慢走過去，彷彿即將走進圈套。除了貼在大門上的禁止公告，這棟大樓家家戶戶都收到電子郵件，籲請鄰居對媒體保持沉默。我注

6 編按：知名英文童謠。

視車內的女人，頓時對這種種保護感到不耐；停下腳步，跟副駕駛座上的女人四目交接。

她驚訝得瞪大雙眼，露出探詢的眼色：我們可以嗎？我焦躁地對她招招手：可以，可以，來吧，把事情解決吧。她們霎時動了起來，放下袋子、抓起錄音機，兩人手忙腳亂地同時打開車門，直奔主題。我望著她們打起精神，調整面部表情，穿越街道而來。

比較嬌小的女人有雙柔和而傷感的眼睛，她把錄音機舉得離身體遠遠的，彷彿那是不潔的穢物。「您想說什麼都可以，」她說：「不論是『別煩我』，或者多說一些。如果您希望我們離開，我們也會照做不誤。」我懷疑她是否一直在等人來批准她離開，放她一天假。

「謝謝，」我說。我強忍住一股愚蠢的感覺。「我的手機裡有一份聲明，我想唸一下。」我掏出電話，發現自己的手在顫抖，並刻意低下頭，開始朗讀：「這是一次可怕的事故。我們深深感激威爾康乃爾的兒童加護病房團隊，為她盡的一切努力。」我停頓片刻，深深抽了一口氣。「我的家人請求在我們哀悼愛女期間，能獲得隱私與空間上的基本尊嚴。謝謝。」我抬眼看看她們，試圖控制面部表情，我感覺我的臉不斷抽搐。

「尊夫人還好嗎？」其中一人問：「外婆的情況怎樣？」

我退後一步，猛然察覺打進我眼裡的陽光和路上的行人。「我……我得上樓回家了，」我說。她們仍說個不停。我扭過頭再度致謝，然後推開大門。

兩小時後，報導出爐了：我被形容為「深受打擊」，標題則說我「懇求」隱私。我帶著冷冷的滿足闔上筆記型電腦——我解決了某件事情。

✦

星期六，事故發生六天後，葛瑞塔的追悼會在一間貴格（Quaker）教會學校舉行。禮拜堂有奶油色的牆面，寬敞而明亮。樓下，葛瑞塔的數百張照片掛在晒衣繩上，那是史黛西辛苦的成果。可頌和丹麥酥皮餅，切好的水果和咖啡。樓上，房間正中央有一張鑲框的照片，擺在花籃旁邊。那是我母親拍的，我們一致認為這張照片完美捕捉了葛瑞塔：她站在枝葉繁茂的大樹底下，淘氣地對著鏡頭微笑。那看起來像是我們希望她現在到達的地方。

我穿著結婚時穿的黃褐色西裝，裡頭是藍灰色襯衫。穿衣服這件事讓我大傷腦筋，我試了兩件襯衫又脫掉，不太確定該走怎樣的風格——你該穿什麼衣服參加你女兒的喪禮？——不過我確實知道，我不希望自己看起來一副需要幫助的模樣。

此刻看著弔唁者和親朋好友魚貫走進校舍，我莫名地感到愜意。我已在女兒亡故的世界裡活了一百四十四個小時，似乎有責任引領這些震驚的臉孔進入新的現實。

我們正在做的是一件可怕且無法想像的事，然而其中也存在些許美好。我站在門口迎接多年未見的朋友、同事和其他熟人，宛如河流中的一塊石磯，他們全都蜂擁上前擁抱我。我詭異地感覺在參加自己的喪禮。現在我知道人們會說什麼了，我思忖著，他們此刻正對我說著那些話。

史黛西和我沒有宗教信仰。在性靈層次上，我們是文化寄生蟲，專挑別人盤子上的食物吃。我們的結婚誓詞借用了 ketubah——猶太婚姻誓約——上的文字。我們倆都不是猶太教徒：我父親把他的猶太家教連同不快樂的青春年少一起拋到腦後；至於史黛西小時候，蘇珊是激進的無神論者，在以基督徒為主的維吉尼亞郊區獨樹一幟。他們的牧場式平房[7]位於福音派教堂斜對面，史黛西每次跟上教會的小孩約好一起玩，蘇珊總會事先下指導棋：「好吧，這次問問他們有關亞當和夏娃那兩個兒子的事。他們的妻子是從哪裡來的？」史黛西上高中的時候，汽車的後擋風玻璃貼了一張達爾文魚[8]；那是獲得蘇珊喝采的一次小小反動。

不過，我們發現 ketubah 是一份振奮人心的實用文件，充滿了關於如何共同生活的金玉良言。婚禮最後，我們甚至踩上玻璃杯，不過因為擔心碎玻璃的嘎吱聲會讓父親的耳朵發疼，我坐下來，審慎寫下一段以世俗語言作為掩飾的文字，成為專屬於我們的一篇象徵符號。誓詞的最後，我們對彼此許下一個諾言，如今奇異地應驗了：「我知道我們會遭遇無法預見的難題，但我有信心會攜手共度，永不迷失彼此。」

如今葛瑞塔離開了，我們發現自己再度向別人的傳統伸手。我大學時代的一個女朋友從小在貴格家庭長大，她對貴格儀典的描述總讓我聽得津津有味，與會人士只有在受到感召時才會起身說話。

「哈，那不是很奇怪嗎？」我問：「大家都不說話的時候怎麼辦？你難道從頭到尾光盯著自己的手不成？」

「好好坐著就是了，」當時的女友說：「那並不奇怪。」

葛瑞塔出生兩年前，我們在一位朋友的婚禮上見證了儀典的力量。史黛西和我坐在前排，焦躁不安。我們都不習慣任由一室保持安靜，而不說些話來打破沉默。我們倆打賭誰會先忍不住站起來，脫口說出什麼丟臉的話。

幸好，其他人對這種場合駕輕就熟。隨著他們起身、發言，然後緩緩坐下，屋內的沉默開始產生催眠的效果。朋友、家人和師長說說軼事、分享記憶、引人發笑——一股天然的和諧隱隱浮現，猶如撥動琴弦傳來的泛音閃動。史黛西和我交換一個驚異的眼神。我甚至站起來說了些話，只因受到靈感鼓舞。我不記得自己說了什麼，但我至今仍能感受入座時湧進心底的溫暖。

7 編按：獨棟平房式住宅，一般只有一層樓，房型以長型、非對稱長方形為主。
8 編按：達爾文魚是進化論的象徵符號，刻意採用耶穌魚形是為了對抗基督教的創造論主張。

在葛瑞塔的追悼會上，史黛西和我坐在房間中央第一排，其他座位由這裡往四面八方輻射開來，把我們團團圍住。

傳來一陣窸窣聲，那是一屋子人察覺事情出現耽擱的聲音：我們不能不等蘇珊就先開始。進入這個房間的唯一方法是爬上一整層階梯——沒有電梯或無障礙坡道，以她的腿傷根本沒辦法爬樓梯。當我們坐在會議室裡，蘇珊不得不爬進一張骨董級的電動升降椅，沿著樓梯扶手嘎嘎吱吱地爬升。我們在屋裡等待，樓梯間傳來隱隱約約的嗡嗡聲，我替蘇珊慶幸我們沒有目睹她的笨拙登場。經過漫長的一分鐘，她出現在房間後門，一拐一拐地試著不被察覺地滑進史黛西身旁的座位。我感覺得到她坐下時忍住了呻吟。

丹尼在人群面前就定位。他是史黛西在新英格蘭音樂學院（New England Conservatory）的教授，這表示他比我更早認識她。我和史黛西開始交往後，他是第一個我接觸到的她的父執輩。雙方握手之際，我可以感受他敏銳的打量眼光。他是典禮主持人的不二人選，是那種似乎不費吹灰之力就可以滔滔不絕長篇闊論的人。

「今天，我環顧四週，見到的是一個體系，」他說：「我見到這個體系在今天啟動。我們有責任以全部的愛包圍這兩個慷慨而美好的人。」

我的母親首先起立發言。我驚訝地發現她是多麼凝滯與安靜。她平常總是動來動去，停不下來，別人正常走路的時候，她會邁開大步前進，留下一條風的尾巴。

她彷彿全身縮了水，看得叫人心痛；她的臉頰凹陷，為了維持鎮定而僵硬地站著。孫女離世似乎改變了她的骨架所能承受的重力。「葛瑞塔渾身散發魅力，」她唸著一張手寫的小抄，「她的眼裡有神祕的微光——你總想知道她在想些什麼。她光走進房間就能讓滿室生輝，每個人都想靠近她，只要能和她在一起就好。每當我想起她，我想記住她帶來的所有喜悅，因為她一定不希望我們悲傷。」

接下來是我的哥哥，我察覺他也靠意志力撐著。約翰和我母親都有剛毅的性格：他們是任務執行者，是把事情貫徹到底的人。過去四天，約翰飛回科羅拉多州搬新家，這是他接到我從急診室打電話過去之後暫時擱下的事。他在追悼會當天帶著妻子與兩個孩子前來，在飛機上寫講稿。派工作給約翰就像在山地犬身上套雪橇，他會心懷感恩地投入每一塊肌肉、每一分力氣，彷彿執行任務可以稍微抒解生命中的原始壓力。

今天，約翰咬字清晰、語氣平靜。他分開雙腿，敞開雙臂，彷彿要擁抱每一個人。

「我這個星期在醫院見到的事，是我這輩子見過最難、最痛苦、最可怕的事。」他說：「但是我得說，我也見到一些最了不起、最仁慈、最善良的行動。那些行動是我想都想不到的事情，讓我感到卑微，肅然起敬。史黛西爬上病床，躺在葛瑞塔身邊，把握還能擁抱她破碎的孩子的每一分鐘。醫院工作人員給予的大量善舉，從他們辛苦的工作環境，我以為他們會更冷酷、更苛刻。最後還有史黛西和傑森的勇敢決定，他們讓女兒盡可能遺愛人間，挽救其他年輕生命。」

他從講稿上抬眼，似乎要用凝視定住我們每一個人。「今天，我心碎地站在這裡，充滿悲痛與哀傷。但我衷心感激你們，感謝大家的支持。我不知道要如何挺過去，但我知道我們能度過難關，我們將攜手共度。」

輪到我講話。我寫了封信給葛瑞塔，昨天夜裡寫的。「從最後分析來看，史黛西和我對彼此的愛，足以把葛瑞塔．格林帶來人間。」我說：「你們全是愛過她、塑造過她、邀請她進入這個世界的人。我們怎能不因這項事實而深自引以為傲？」

我說完後，空間開放給任何一個受到鼓舞、覺得有話要說的人。現場一片沉重的靜默，最後被我的朋友班劃破。他分享了一個小故事，有一天葛瑞塔瞪著他說：「你不是我的爹地。」防洪閘門就此打開。表兄弟姊妹說了話，朋友們也說了話。我們的朋友珍娜是一位英文老師，她朗讀伊莎貝．阿言德（Isabel Allende）[9]在愛女寶拉死後寫的一段話：「我們學會與哀傷共存，把它當成很棒、很可愛的同伴。因為那是一股溫柔的哀傷，讓心變得柔軟，讓你學會接納一切。」

葛瑞塔的三位托兒所老師站在一起，說說她的趣事。「有一天，葛瑞塔在一個朋友旁邊玩耍，這個朋友突然放了屁。」一位名叫坦雅娜的女人說：「葛瑞塔看著我，然後說：『坦雅娜，她的屁股在打嗝！』」史黛西捏捏我的手，我們都笑了。葛瑞塔是廁所幽默大師。

隨著典禮持續進行，我可以感覺哀傷累積的重量，以及我們分享它的力量。我們正一起跨越一道巨大而可怕的門檻，朝某個方向前進。我不知道最後會走到哪裡，但這剛萌芽的認知彷彿在我耳中發出嗡嗡聲響。

史黛西默默坐在我旁邊。她穿著一身桃紅色白花的無袖洋裝。那是她在我們把葛瑞塔送去給蘇珊那天買的——葛瑞塔的最後一天。

我不時偷瞄她和蘇珊，女兒與母親。我懷疑她們現在比鄰而坐，是否讓史黛西很難受：此刻的蘇珊比較像鬼而不像人，被困在我光想像都不由得悚然一驚的煉獄。她們之間有那麼多話需要說，有那麼多話永遠說不出口。

我很確定史黛西不會——也沒辦法——在這種場合發言。我們從醫院回家後，這是她第一次走出公寓。我的母親、哥哥和我寫了講稿，但史黛西刻意沒做任何準備。公開演說有違她的天性。相反地，她埋首做事。那些照片以及它們不留痕跡分散注意力的方式，比較符合她的風格。她鼓勵大家帶走自己喜歡的照片——幫忙散播葛瑞塔精神，她這麼告訴我。

然而，當丹尼示意我們做總結，史黛西顫抖著站了起來。她的臉色蒼白，但雙眼燃燒

---

9 編按：智利女作家，被稱為「世界上最廣為人知的西班牙語作家」。

著熊熊烈火。她此生做過的每件事、扮演過的每個角色——女兒、姊妹、同事、妻子、母親——一一浮現我的眼前。她此刻美得逼人。

「你們許多人都知道，我不善於公開演講。」她開始說話，引來一室淺笑。她以意外前一天帶葛瑞塔去找蘇珊的事情開場。她說，她把她們的最後一天視為理所當然，大部分時間都在發脾氣，不耐煩。只要她一不高興，葛瑞塔就會生她的氣。如今她後悔莫及。

她接著訴說蘇珊和葛瑞塔的故事、她們之間的關係，以及她們的相處時光。她說著說著，我頓時領悟她在做什麼，以及促使她站起來發言的可能原因：史黛西在當眾赦免她的母親。我驚訝地望著她，再度驚覺我對她心底奧祕的認識是多麼淺薄。

此刻，我感到她在從自己的內心深處召喚她所需的真相——或許是我們所有人活下去所需的真相。這項任務似乎異常艱鉅，猶如海克力斯[10]試圖把一塊巨石高舉過頂。

「蘇西外婆是她全世界最喜歡的人之一，」史黛西轉頭直視她的母親說：「上個星期，我們答應帶她去看妳，她興奮得不得了。她最想做的事情就是跟蘇西外婆在一起。她過了最棒的一天。」致詞結束，她眼眶裡聚滿淚水，聲音哽咽。她坐了下來，這次致詞耗盡她所有力氣。

追悼會結束後，車隊把人們載到離我們家一條街的披薩店。賓客來回打轉，喝喝啤酒，拿著酒杯走到人行道上。我的上司跟我的父親胡謅有關海灘男孩（Beach Boys）[11]的故事，我的同事還沒自我介紹就上前擁抱我的父母。每個人似乎都因為剛才發生那不可思議的恩典而歡欣鼓舞。

我坐在後頭，嫂嫂瑪莉莎走過來，眼睛泛著淚光。「我們本來不太確定你有沒有辦法在這座大城市混下去，」她帶著淚眼調侃我，「但是看看這個，」她一邊說，一邊驚異地朝她的周圍揮手，指的是我們身邊所有的朋友與生活。

派對慢慢結束後，大夥兒回到我們家繼續守喪。有些人聚集在客廳，有些人在廚房裡挑揀食物。午後的光線漸漸變暗，順便帶走我們的最後一絲歡快。

大概有十到十五個人坐在葛瑞塔房間地板上，我倚著藍色書架。陽光從兩扇窗戶流瀉進來。傑克盤腿坐在房間中央，再度彈起吉他——發揮一點用處，他能提供的一點用處。

---

10 編按：希臘神話最偉大的半神英雄，自幼在名師的傳授下，學會武藝和技能，能勇善戰，成為眾人皆知的大力士。

11 編按：美國搖滾樂史中最偉大的樂團之一。

他輕輕撥弦，低聲吟唱。威爾可樂團（Wilco）[12]的歌、格蘭・帕森斯（Gram Parsons）[13]的歌——他和史黛西小時候聽的電影原聲帶。然後，他朝我的方向投來一個心照不宣的悲痛眼神，開始彈奏艾略特・史密斯（Elliott Smith）的〈酒吧之間〉（Between the Bars）[14]的和弦。這是一首陰鬱的歌，不過只有仔細聆聽歌詞才會明白。它的旋律柔和而輕快，我每天晚上會對葛瑞塔吟唱改編後的版本，她的頭靠在我肩上，身體逐漸變沉，允許自己慢慢臣服於睡意。傑克在為我彈奏這首曲子。

我對葛瑞塔唱這首歌，因為「我會再親你一次／從欄杆之間」，可以意味穿越搖籃的親吻，當然也可以意味兩個愛人相隔囹圄，或醉漢流連酒吧之間時的短暫逗留。我把這首歌的最後畫面——「你一起混過的人／你不想再打交道的人／那些推推擠擠、不順你心的人／我會叫他們乖乖安靜」——當成我對她的承諾，只有我理解其中含意。**不論妳想成為怎樣的人：我都會在這裡替妳清掃前進的道路**。

我也策略性地修改其他歌詞——「整晚熬夜」改成「徹夜安眠」——但是有一段未修改的歌詞如今在我腦海縈繞不去：「你可能擁有的未來／你永遠看不到」。坐在亡女的臥房地板，面對空蕩蕩的搖籃，我突然驚覺對孩子唱這些歌詞是多麼可怕，彷彿對一個充滿希望的生命痛下詛咒。

我閉上眼睛，開始唱這首歌：我可以聞到她的氣味。她的一簇簇髮絲搔過我的耳朵；屁股沉甸甸地壓住我的手臂，透過她的睡褲，可以感覺到尿片的柔軟。我的另一隻手放在她穿的運動衫上。當她可以——真的可以——被放進搖籃，我感覺得到微妙的改變——她的關節和肌肉放鬆下來，變得軟綿綿的。俯身把她放上嬰兒床時，她的頭會往後仰，腿蜷曲起來，彷彿一架巡迴的飛行器回到航空站休憩。

一曲唱罷，我的聲音越來越輕。半晌後，萊絲莉輕柔地說——因為總得有人說些什麼——「傑森，唱得真好。」我知道這會是我此生最後一次唱這首歌。

✦

隨著日子吋步前進，賓客潮也逐漸消退，一波退去幾個。約翰飛回科羅拉多，我的朋友安娜回到俄亥俄州。我們的小聚落漸漸放鬆對我們的掌控，史黛西和我遲早得開始獨處。

我的父母最後離開。母親摟著我，終於允許自己徹底崩潰，在我懷中抽噎起來。我緊緊

---

12 編按：美國另類搖滾樂團。
13 編按：美國歌手，另類鄉村搖滾教父。
14 譯按：艾略特．史密斯為美國創作歌手。歌名原文「Between the Bars」，其中「bar」有欄杆和酒吧兩種意思。

攬著她，感受被她的耀眼性格輕易掩蓋住的瘦弱與嬌小。我心裡想著，原來，妳在這裡。我和母親一度非常親近，不過到了青春期，我們使勁把彼此越推越遠，後來始終沒有找回那份親密。

我的母親挺直腰桿，她的脆弱已成了遙遠記憶。她很小就學會堅強，從未拋掉這項本事：此刻的她再度堅不可摧。

我的父親哀傷地跟在她後頭，沒辦法長時間看著我的眼睛。當我擁抱他道別，他緊緊箍住我，彷彿要把我兜攏在一起。但是當他放開我，我察覺他茫然不知所措。他們倆在門口流連不去，依依不捨，但已經沒有別的地方要去、沒有別的事情要做。大門喀啦一聲關上。史黛西和我只剩下眼前的新生活。

那天夜裡，我們讓自己大吃一驚。在沙發上緊緊抓住彼此，急切且飢渴地做愛。我們都哭了，然後雙雙爬上床，十指緊扣，輕聲地說：「晚安，葛瑞塔。」沉入睡眠的光滑表面底下，依舊一夜無夢。我們睡到很晚。從現在開始，我們每天都睡到很晚。

接下來幾天，朋友們繼續送吃的過來。我們不停狼吞虎嚥，清光從冰箱隔層溢出來的所有食物。我們用冰葡萄、熱燉菜、塗滿奶油奶酪的烤貝果填滿感官——任何東西都好，只求淹沒家裡這股新的震耳欲聾的寧靜。

我們單獨在家的第二天晚上，史黛西用手機播放葛瑞塔的影片，劃破了這片寂靜。我知道這些影片的殺傷力，因此一直抗拒播放，但聽到她的幼小聲音從手機的小小擴音器跑出來，某部分的我想把手指插進未癒合的傷口，東翻西找，直至找到一根活的神經。我走到史黛西身邊說：「再放一遍。」

影片中，葛瑞塔穿著游泳褲，但是沒穿上衣。那是臨睡前某個神經兮兮、胡搞瞎搞的一刻，她唱著〈山谷裡的農夫〉（The Farmer in the Dell），用最好的朋友伊芙的名字取代「農夫」，聽起來像「『三』谷裡的伊芙」。那是她在幼兒園早上的「團團坐時間」學的版本，作為歡迎每個人來上學的儀式。

我把這首歌和她唱這首歌的模樣完全忘了，這項醒悟加上震驚，以及對於再次見到她活動和歌唱的極度渴望，讓我不由得跌坐地上啜泣。我納悶著：**還有哪些東西已經被我們遺忘？她還唱過其他哪些歌？**

我打開筆記型電腦，瘋狂地寫下記憶。想起自己看著她在地上學爬，她一次移動四肢當中的一肢，一邊嘗試挪動後腿，一邊把一隻手伸進空中。那花了她很長時間——以嬰兒的心靈時間軸來看，她必定覺得自己耗費千年時間才學會爬行。但她的專注是沉靜而不屈的，從不發牢騷或鬧脾氣。她只是一心一意地學習。凝思、好奇、全神貫注：我現在距離目標又靠近了多少？

她喜歡安慰人。假如我嘀嘀咕咕抱怨什麼，她會走向我，「爹地，你怎『摸』了？」我會說：「沒什麼，寶貝女兒，爹地只是有點洩氣。」然後她會拍拍我的肩膀，叫我放心，「沒關係的，爹地。」

她擁有我從自己身上及周遭世界見到的一切美好，再加上她獨有的種種特性：固執、保護欲強、調皮、死心眼、好奇心重。對於自己認定的事情，她有一種寧死不屈的硬頸性格，「妳是大自然的力量，寶貝女兒。」史黛西在她十個月大的時候笑著對她說。

人群讓她不自在，跟我一樣。唯一例外是家人，家人永遠不嫌多。每天晚上終於肯乖乖睡覺之前，她最後要做的事情之一就是對著黑暗，把她愛過的每一個人拿出來大點名。

我們怎能如此徹底辜負了這個小傢伙？

✦

葛瑞塔的遺體被法醫釋出，送到曼哈頓中城區（Midtown Manhattan）一家殯儀館。喬，一個戴著金袖扣、緊張而狼狽的男人，坐在我們對面的核桃木書桌後，底下是一張血紅色地毯。這就是她所在的地方。

有人——某個不是喬的人——從殯儀館打電話告訴我們，我們可以在她的遺體火化之前來跟她道別。這件事讓喬非常困擾，他也沒打算掩飾自己的不安。他對我們說，她的遺體受損。她的身體本來就很小，而且被摘去器官，還在法醫辦公室放了一星期進行化驗。他把話說得很明白，她已沒剩下多少東西供我們道別。

當喬溼濡的眼睛提供某種近似同情的東西，我的胃嫌惡地結成一球。「聽著，我不知道是誰告訴你們可以來看她，」他說：「但你們得相信我：別看她為妙。記得她原本的模樣對你們最好。」

✦

回家兩星期後，我們銷假上班。這個時間點相當荒謬，簡直野蠻。但是當你處於震驚，似乎什麼行動都說得過去。我們各自的上司囑咐我們安心休息，想放多長的假都行，但兩人感到一股本能的衝動，急切地想一頭栽進人群、被交辦任務。

史黛西的工作有個額外的糾葛：她四年前離開音樂產業、回到學校，現在是一名營養師兼哺乳顧問，服務於ＷＩＣ（婦幼營養補助計畫）——一個專門照顧低收入家庭兒童的組織。每天早晨，她得面對源源不絕湧入的新生兒，以及跟葛瑞塔同齡的幼童。她從未跟這些新手媽媽提起葛瑞塔。我不明白在看著女兒被推走後，她怎麼有能力一天又一天應付寶寶、蹲下來跟別人的小孩說話——這超過了我的理解範圍。

她自己也承認這有點費解。她能找到的最佳解釋是：「嬰兒永遠不會讓你不痛快。在嬰兒身邊，你不可能覺得難受。」我愣住了，但我也無法跟她爭辯。

她說，官僚系統的空洞也有一些安慰效果。她在勾選欄中打勾，提醒大家多吃蔬菜水果。她協助新手爸媽走過家有新生兒的慌亂生活，把自己迷失在種種問題的費神本質中：我應該給寶寶餵幾次奶？出生第六天應該會尿溼幾片尿布哩？我們要如何挺過接下來的二十四小時呢？她靠這種方式昇華自己的悲痛，或者暫且忘卻哀傷。只有坐進車子，她才會止不住地哭泣。

偶爾從辦公桌抬起頭，她盯著跟葛瑞塔同一天生日的男孩或女孩。那很痛，但她也很開心有機會跟來自葛瑞塔小部落的人說說話。

我回到在 Pitchfork[15] 的編輯職位，之前我已經為這個網站自由撰稿多年。和史黛西一樣，我也是新人，剛上任三個月。第一天，我坐在地鐵上，感覺自己彷彿渾身瘀青，如果有人戳我一下，說不定我會突然飆淚。辦公室同事看到我的時候會皺起眉頭，他們用非比尋常的友善和關心對待我，但我覺得他們背著我強忍顫抖。

我在震驚的表層上如履薄冰，而一切舉止似乎都沒有越軌或出格。沒有人期待我完成什麼。我來上班也好，不來也罷。我溜進去辦公室又溜出去，只要給同事發個簡訊就可以大半天消失無蹤。這是既驚人也嚇人的自由。

這幾個星期，關於我選擇的職業，我體會到一些不為人知的不愉快真相。的確，聽音樂可以讓人對生命充滿希望，音樂是通往情感最深處的渠道。但它也可以是純粹的雜音，是一張悶住所有感官的馬鞍毯。

一張專輯刺穿了冰層，出自洛杉磯的兩位年輕女性之手，她們把自己稱作 Girlpool[16]。那是營火旁的音樂，兩把吉他的和弦隱約飄渺，歌詞是關於青春的醒悟，有如日昇照亮了你的整個大腦。有一首歌叫做〈我很高興你看得見它〉（I Like That You Can See It）。我把它放在隨手可得之處，想要時時刻刻記住這個念頭。

回去上班整整二週後，我在夜裡外出。創作型歌手 Mitski[17] 在一個小型舞台演出。她徹底征服了全場，雙腿張開站立，頭髮往後甩，灼熱的眼神燃燒了每位聽眾。我的同事珍是這場秀的主辦人，我站在她身後，接近劇場的最後方。Mitski 以她當時的招牌歌曲作為結尾，那是一首麥克風不斷爆音的搖滾歌曲，最高潮的一段歌詞訴說：「我不會變成爹地希望我變成的模樣／我要當自己想當的那個人」[18]。即使在那一刻，我意識到葛瑞塔永遠沒機會像

15 編按：美國音樂媒體公司。提供線上音樂評論、特色節目及訪談，和及時的音樂新聞報導。
16 編按：獨立搖滾樂隊。成員為 Cleo Tucker 和 Harmony Tividad。
17 編按：日裔美國歌手兼詞曲創作家。
18 編按：出自〈Townie〉。

Mitski 如此深刻地表達自我，或者活得像珍這樣充滿藝術與可能性，但我仍深受鼓舞。

✦

除了這樣的短暫時刻，時間多半靜悄悄流逝，無聲無息。有些日子我會迷惘、驚慌，彷彿在一個陌生的黑暗房間醒來：那是什麼？是什麼東西那麼可怕？然後我鎮定下來，驀然想起：**噢，對了，我是在地獄裡**。這個念頭為我在時空中定位，猶如一個圓點跌落地圖上。一旦搞清楚狀況，我的眼睛看得清了，走路也走得直了，呼吸慢慢平緩。

站穩腳跟擺脫哀傷的烈焰之後，我們如今發現自己輸給了單調乏味。每天白天去上班，晚上輪流上不同的館子，一邊討論我們處理的問題，一邊食不知味地吃著。我們也喝酒，但喝得不多。看幾小時這個或那個電視節目，然後上床，睡到隔天早上八點過後。日復一日。我們不會對任何人尖叫，也都沒有生病。

當你的處境獨特而不尋常，只要你有力量熬過去，事情總有機會恢復「正常」。「我們這樣子夠久了嗎？」史黛西偶爾會哀怨地說：「可以把她還給我們了嗎？」

每個人都對我們表達佩服。「我很佩服你們的堅強，」朋友對我們說：「你們是一盞明燈。」我越來越痛恨這幾個字的發音，彷彿水龍頭漏水的滴滴答答聲，讓我恨不得拿扳手把它用力拴緊。「我覺得自己就像因為還沒死而受人祝賀的昏迷病人，」我告訴史黛西。

比起這樣無時無刻不在的殷勤與關懷，更糟糕的是它們有可能即將消失，像一個森然逼近的威脅。我的朋友與同事從我的行為舉止合理地推斷──**他似乎希望一切回歸正常**。我持續正常上班，持續參與社交活動。我傳笑話給朋友，追蹤新聞、發表評論。買新衣服──高檔的衣服──和新眼鏡。我察覺自己堅定而頑強地對世界傳送信號：**我可不是什麼崩潰絕望的男人**。但我不確定自己希望有人相信。

一方面，在聚光燈下應付失去至親的傷痛，讓人難以承受。另一方面，在這種種敬佩與關懷中，存在著我們可以汲取的救援力量。畢竟，我在扮演受傷的角色。一部分的我但願永不落幕：遊戲持續進行，但規則明顯偏袒我這一方。起立鼓掌，英雄式的歡呼，防線在我面前溶解──我希望這一切無止盡地持續下去。想到事情終究要回歸正常──我不僅被期許繼續活下去，還得勇敢地跳過重重障礙──報稅季節、擁擠的通勤、截稿日。我不由得想起真正的疼痛不在於被輾過的腿，而在於骨頭錯位。

✦

到了第二個月，我在醫院感受到的強烈尋死念頭，已經減弱成一股疼痛。我對死亡的渴望，如今單純成了身上的附件，與我如影隨形，一如花粉熱。瑞蒙·卡佛（Raymond Carver）[19]曾經寫過，一篇故事裡的角色「明白自己願意當個死人」。就是這樣。那閃光、那張力、那個過渡的時刻、親人的哀傷哭泣、喪禮——什麼都激不起我的興趣。我只想當個死人，一切感官、意念與經驗都畫下休止。在我看來，那樣似乎再合理不過，甚至愉悅，就像傾身撲進熊熊大火，讓它洗去你的所有知覺。

我處理這種自殺念頭的方式，跟你忍受術後劇烈疼痛沒什麼兩樣：那是我目前處境的必要情況。這種感覺似乎沒什麼奇怪，或甚至讓人煩心的地方。事實上，那是我最正常的感受之一，而且合理得令人感到安慰。那只是在我疲憊或心力交瘁時，會突然冒出來的另一個東西，是突然縮緊然後在我數息時放鬆的一個結節。

有幾次午餐時間，我會走到離辦公地點不遠的碼頭。從辦公室步行三分鐘，有一片人煙稀少的斑駁草地。撞見同事的風險一直都在。但我把這座公園視作避難所，經常去那裡躺下，就躺在一株小樹底下，對著天空哭泣。還有些時候我會走到水邊的尖石上，讓微風拍打臉頰。在那裡比較容易放鬆發條，可以對著河水大吼大叫。

「親愛的，我好生氣，」我嗚咽著，「我不管到哪兒都在找妳。妳現在原本應該很會說話了。磚塊打到妳的時候，妳才兩歲大。」

我仰望天空，放聲尖叫，「砸中頭！他媽的砸中妳的頭！頭上還在長細小的頭髮呢。」

我哭訴著。低聲啜泣，然後對虛空呼喊，「祢為什麼這樣對待我們？祢為什麼這樣對待她？她才兩歲。祢為什麼這麼做？」

沒有人可以讓我們申訴，沒有人能夠責怪。我聆聽浪花拍打岸邊，微風拂動我的手毛。我用手遮住臉，使勁捂著。我傾聽浪潮，聞到腥臭的海港。抽噎著呼吸，直到氣息變緩。然後我轉身走回辦公室，在電腦前坐定，回覆三十封電子郵件。

我是痛失愛女的父親。唯一的孩子兩歲時過世。她被大樓掉下來的一塊磚頭砸中腦袋。有時候，我聽見這些句子伴隨打字的聲音在我腦中起舞。我不禁納悶，我今生還得說幾次這樣的話。

「是啊，聽起來不賴。」我對一名拖稿的作家說。

「那件事還沒有下文，」我寫信給一位剛跟某個納許維爾（Nashville）[20]樂團兜了一圈回來的公關。如果有機會寫個樂評，他們顯然會樂瘋的，而對方想知道我有沒有抽出時間開始行動。

19 編按：美國短篇小說家，詩人。

20 編按：被稱為音樂之都，是鄉村音樂的聖地。

「我真的認為我們應該報導這個。」我按下「轉發」，把一張專輯的串流寄送給坐在幾呎外的幾名編輯。

葛瑞塔是意外事故的受害者。發生了一起意外。我得學會一遍又一遍陳述這個令人心痛的消息。在每一次人際互動，我是傳遞宇宙出現裂縫的信差，隨身攜帶「世事難料」的符咒走進每一個新的房間。我無時無刻讓人想起人類史上最不受歡迎的訊息：孩子——你的、我的——不見得能好好活著。

✦

我坐在咖啡館工作，對街是一所中學。上學之前的幾小時，咖啡館裡經常塞滿聰明、聒噪、桀驁的孩子。

「等等——誰把誰的手壓進一坨大便？」我聽見一個聲音這麼說，女性的聲音。我抬起頭。一個年輕女性推開咖啡館的門，後頭跟著兩個亢奮的男孩，八歲和十歲左右。

「沙夏弄的——他弄波特，」其中一名男孩指著另一個人打小報告。他們笑得東倒西歪。

那女人耐著性子微笑，翻著白眼製造喜劇效果。「沙夏，那真噁心，」她說：「我猜你媽會很高興。」

她或許是固定的保母，或許是年輕的小姨。不管怎麼說，他們倆歸她管，從肢體語言來看，他們已經相伴了無數時光。

她為他們買了可頌，在我附近的桌位坐下。兩個男孩心不在焉地啄食糕點，一邊打打鬧鬧。我戴著耳機，但沒放音樂，所以他們的聲音可以傳進來，聽起來模模糊糊的，彷彿悶在水裡。我可以神不知鬼不覺地介入他們的小插曲。另一個男孩顯然寫了一篇故事做為學校作業，故事裡的王子擁有一塊浮雕。

「真厲害，」年輕女子搖搖頭讚嘆，「故事裡有王子這樣的角色真是太有趣了。」

「希望我們永遠都是妳最喜歡的小孩，」男孩說。他們顯然無可救藥地愛著她，正如每一個人。我想成為她，沉浸在被無條件的愛掃過的氣流中。

在他們後面一桌，我認出一個媽媽。她的孩子跟葛瑞塔上同一間托兒所——好像是露西的媽媽。她跟我不認識的女性碰面。那女人懶洋洋地抱怨孩子的幼稚園老師。「別誤會我的意思。黛博拉老師很棒，瑪蒂很喜歡她。我只是希望沒那麼多派對。這星期就開了三次慶生會，這表示瑪蒂接連三天拿杯子蛋糕當午餐。我接她的時候，基本上她都處於血糖大起大落的崩潰狀態。但我不想成為下令禁止杯子蛋糕的那個媽媽，妳懂我的意思吧？」

我瞪著她們，震驚地發現自己痛恨她們。她們使用的語言曾經是我的語言，我的日常用語。如今我有了新的日常用語——「開顱手術」、「腦損傷」——這些話嘗起來有火山灰的味道。我討厭他們每一個人——他們渾渾噩噩的幸福，需要擔心杯子蛋糕是個難以名狀的奢侈。我但願他們和他們的家人遭遇可怕的災難。

靈魂中前所未見的惡毒把我嚇壞了。它現在迸發出來，是我的存在產生的新廢品。我愣然想像一艘曾經穩固的船破了一個洞，這份惡毒就像從破洞湧進的水：不管我再怎麼急忙舀水，每次伸手，船裡的水位只會越漲越高。

我離開咖啡館去趕地鐵。車門打開後才赫然發現，要上的是一班擠滿小朋友的列車。我心一橫上了車，感覺他們淡漠的眼光灼燒著我。

這裡是布魯克林（Brooklyn），幼童和快樂的家庭多到滿出來，讓人受不了。隨處都有兒童從我身邊經過，留下一串回音，咿咿呀呀地訴說他們可能擁有的未來。我偶爾發現自己對他們做鬼臉，想逗他們發笑。這些時候，我是在跟自己作戰，一邊偷偷摸摸享受他們的快樂回應，一邊打起精神迎接一個逃不開的問題：「你有孩子嗎？」

關於這個問題，史黛西和我談了很多。回答之前，她會先衡量對話的深度以及再次跟這個人談話的機率。她不會跟雜貨店收銀員或賣護手乳給她的女人說，是的，她確實曾有一個孩子，但是她一個多月前死於一樁離奇的意外。噢，對了，她應該插片還是刷卡？

史黛西簡單給出否定的答案，讓所有人保持毫髮無傷，不受牽累。我呢，每次都挑難走的道路，留下一張張震驚的臉孔，以及那些表情隱含的「我很遺憾」。可以理直氣壯地在陌生人生命中引爆這枚手榴彈，帶給我一股負疚的、黑色的滿足感。這是對一個完全出於友善和好奇心的問題，使出一記殘酷且小心眼的掃堂腿。「是啊，我他媽的有過一個孩子。她死了。祝你有個愉快的午後。」

我每天上瑜伽課，在每節課結尾的放鬆靜坐，感覺熱淚流滿了整張臉。但不論我多麼認真抒解，我會留意讓自己的雙手和頭腦保持忙碌。哀傷——這種程度的哀傷——只不過是你的一個際遇、在你身上流經的一連串事件，一如生命的誕生。那比任何一個有條有理的意念更廣大、更深沉。當你痛得這麼厲害，閒得發慌就是這種感受，我思忖著。

✦

事發之後，我一直躲著公園。那座公園是我們的地方，葛瑞塔和我的——每棵樹，每片葉子，每一隻蹓躂過去的小狗，全都屬於我們兩個。即便被震驚包圍，我也知道去到那裡會刺穿我的防線，就像在她死後第一次出門時那樣把我淹沒。

然後有一天，當夏天的陽光正要開始改變顏色，我帶著一股熟悉的渴望醒來。我得去公園慢跑。我撥弄這股衝動，試著判斷它是否太瘋狂。但不知怎地，我覺得自己不一樣了、變得更堅強了。換上短褲，繫緊運動鞋鞋帶，在我的手機列出一串有鞭策力量的粗暴音樂。

我走出戶外，只感受到陽光的溫暖。繞過通往閱兵廣場的街角，就在公園西南角的入口外。這條街道寬闊、靜謐，綠樹成蔭。外頭沒有任何人，沒有人跟你頷首示意、四目交接、擦身而過。

我進入閱兵廣場，跑步穿越到處都是孩子的草地，目不轉睛直視前方。我的左邊有一支中學足球隊在進行速度與耐力訓練，他們瘋狂踩著腳尖跳動，然後臥倒做伏地挺身。我的右邊有兩個男孩懶洋洋地揮著球棒，把棒球打進用鐵絲網圍起的一塊凸出來的地方。我從旁邊跑步經過時，球打中鐵絲網，發出砰的一聲巨響，但我的眼睛連眨都沒眨一下。我跑到公園邊緣，網球場在我的右側。

在那裡，就在公園出入口，我的心隱隱騷動，湧上一陣奇特的喜悅。我認出她了。葛瑞塔就在附近某個地方。我感覺到她的能量，淘氣地充滿期待。**來找我呀**，**爹地**，她說。淚水湧出，在我臉上潸潸而下。**我聽到了**，**寶貝女兒**，我喃喃地說，**爹地來抓妳了**。

我與高采烈進入公園，立刻找到了她；她在等我，就躲在范德堡遊樂場（Vanderbilt playground）和水鴨池中間一塊空地上的大樹後。她從樹後面跑出來，咯咯笑著，手舞足蹈，就像我們以前玩過的遊戲那樣：她會從我們正在玩的房間跑到走廊，不是一絲不掛就是只穿尿布，然後一臉調皮地問我：「葛瑞塔在哪裡？」我會假裝大惑不解，把地上的小玩具翻來翻去，看看她有沒有藏在玩具底下，或者瞇著眼睛窺視沙發後面，一副驚恐的模樣抱著我的頭。「噢，糟了，我們做了什麼？」我會嗚咽著說：「我們把她弄丟了！」她會笑著跑進來大聲宣布，「葛瑞塔又回來了！」

站在公園裡注視著她，我發出一個奇怪而原始的叫聲，像發自丹田的笑那樣深沉渾厚，又像抽泣聲那樣刺耳而尖銳。我逕自跑向她，對周圍的人視若無睹。她帶著期待的喜悅扭來扭去。我彎下腰，從她柔軟的胳肢窩把她抱起來，她的肩胛骨碰到我的指腹，我把她高高舉到空中。路過的人看不到她——在他們眼裡，大樹旁邊、她笑哈哈拍手站著的地方，除了一片草地什麼都沒有，我的懷裡只有空氣。但她的出現與他們無關，她是為我而來。

她俯視著我，那副和我一樣下脣歪一邊的笑容，讓她敞開的臉皺成一團。我彎曲手臂，慢慢把她的臉放到我面前，親了她一下。然後把她放回草地上。

妳乖乖待在這裡，好嗎？我說。爹地去跑一跑，好嗎，小寶貝？

好呀，沒問題！她回答。

我轉過身，開始繞著池塘使勁奔跑。我們曾把她的手放進水池，一邊潑水一邊說：「來玩吧，鴨鴨，來玩吧！」隨著我舞動四肢，我的後腿肌肉發出嘎吱聲，然後舒展；我的身體醒過來了。遊樂場在我身後漸漸退卻，我曾經在那裡推她盪鞦韆，她聲嘶力竭地用《一閃一閃亮晶晶》的曲調唱著「噗屁，噗屁，噗屁噗」。「如果我的孩子今天晚上說出『噗屁』，」我旁邊的女人冷著臉說：「我會知道他是從哪兒學來的。」

我的胸膛像風箱般鼓脹，她的存在填滿了我的心，隨之而來的，是我在她死後這幾個星期經常感受到的奇特興奮。悲傷的絕頂有種可怕的美感，種種情緒發生令人眼花撩亂的裂變。這個世界充滿了意義與重要性，你周遭的世界原本如此堅固、無情，剎那之間卻變得薄弱而透明。我感覺自己找到了一個開口。我還不怎麼確定它的後面是什麼，但它就在那裡。我邁開腳步衝刺，感覺到自由。

我踏入太虛，和更高層次有了一次新奇的接觸。父母把我教育成一個現世的人，我從未在教堂待超過一小時。但為了葛瑞塔，叫我做什麼我都願意，我正在學習。那包括成為密契主義者[21]，以便繼續享受她的陪伴。

當我再度跑到公園邊界，我停了下來，感受文字的湍流沖刷而來。我抓起手機，盲目打開最近使用的文件——一張混亂的待辦事項和雜貨清單。在提醒我買口袋麵包的備忘錄底下、和優比速快遞（UPS）的確認號碼之上，我寫下：「必將有更多光芒為我照亮這個世界。」

21　編按：密契主義，包涵了人類與神或某種超自然力量結合為一的各種形式、經驗或體驗。

SECTION THREE

克里帕魯

Kripalu

我站在彼得面前，凝望彼此的雙眼，手握著手祈禱。「我看見你的悲傷，確認你的痛苦，」他低聲對我說，綠色的眼眸凜若冰霜。

「我看見你的悲傷，確認你的痛苦，」我對他複述，努力不把目光轉向別的地方。彼得比我高，剪了一頭貼近頭皮的短髮，我嗅得到他身上那股藍領階級的不自信。我們十一秒鐘前才剛剛認識，哀傷小組組長把我們湊在一起。雙方都還來不及握手，就被丟進熾熱得有如被火灼傷皮膚的破冰活動。我不用轉頭看也知道，史黛西在我背後某個地方對著某個陌生人的眼睛喃喃說出這句咒語，心裡難受得七葷八素。當我迎接彼得的凝視，可以察覺，在大庭廣眾下交戰某個更深沉的情感——那個鞭策他報名，迫使他面對一屋子金屬摺疊椅以及受傷陌生人、讓他變得柔弱的哀傷。這樣的公開親密行為令人手足無措，他的驚恐浮上了表面。

活動結束。我放下彼得的手，他放下我的，我們互相打量了一會兒。破冰活動見效了：「戰鬥或逃跑反應」荷爾蒙在我們身體裡流竄；我們更銳利地看見彼此，就像野獸被獵食之前盯著窸窸窣窣的樹叢那般。

「可以請大家回到自己的座位嗎？」研討會主持人嚷嚷。

我的目光從彼得轉回史黛西，她站在我背後，看起來大受震驚。她用眼神詢問，我也用眼神回答：我還好，那個活動很機車，但我還好。她微微點頭附和。我們雙雙回到靠近門邊最後一排的兩張摺疊椅上。

我們是依據一個規則、策略性選擇這兩個座位的：只要其中一人覺得不自在，或者被不太愉快的情緒攫住，我們會推推另一個人（我們有個安全暗號），然後起身離開。我們都不是「愛熱鬧」的人，葛瑞塔也遺傳了這個特質。有一次我帶她參加社區的唱遊活動，當其他小朋友迫不及待、搖搖晃晃拍著手跑向活動主持人，她的小手緊緊抓住我的肩膀。我可以聽見她沒有說出口的問題：爹地，這些人到底在幹嘛？

那時十一月，葛瑞塔已經過世六個月。我在這個房間東張西望，想起了她的不自在：我們到底在幹嘛？差不多有六十人，共聚在麻薩諸塞州史托布里奇市（Stockbridge）的克里帕魯中心（Kripalu Institute）——從紐約市沿著塔康尼克公園大道（Taconic State Parkway）往北行駛，車程大約三個小時。有些人失去年紀較大的孩子——吸毒過量、自殺、車禍；有些人喪偶、喪母或喪父。全部的人有一個共同點：所有人都遭遇了照理只會發生在別人身上的事情。我們全被推到這裡就定位——被生活、被情勢、被排程，以及剛剛把我們像小學生一樣推到彼此身邊的研討會主持人。**哀傷把持了我們原本以為自己可以作主的許多事情**。

這個研討會叫做「化哀傷為信念」，史黛西和我都沒辦法眉頭不皺一下地大聲說出這個名稱。研討會主辦人叫做大衛・凱斯勒（David Kessler），他是一名生死學家兼哀傷學大師，曾經與堪稱西方生死學現世聖人、以神聖的五階段論聞名於世的伊莉莎白・庫伯勒－羅斯

（Elisabeth Kübler-Ross）合著過幾本書。

除了凱斯勒之外，還有兩位活動主持人來此平撫我們在情緒與精神上的種種痛苦。其中一位是瑜伽老師保羅・丹尼斯頓（Paul Denniston），專長「憂傷瑜伽」（grief yoga）[22]。每天吃早餐前我們在一屋子的啜泣聲中練瑜伽；有些人試著壓抑，有些人公然哭泣。另一位主持人是個靈媒，名叫莫琳・漢考克（Maureen Hancock）。

就是因為莫琳的存在，史黛西和我才會一而再、再而三躊躇不前，從上樓的路上轉回車上。她會做些什麼？我們對靈媒這個概念的熟悉度與接受度，無非琥碧・戈柏（Whoopi Goldberg）在電影《第六感生死戀》（*Ghost*）中的粉紅色平頂小帽和向後翻的眼球。荒謬的情境在我們腦中不斷孳生，我們取笑說：她會不會用聖靈的語言講話？她會不會倒在地上，開始瘋狂擺動？隱藏在愚蠢的玩笑話背後，是我們心裡隱隱作祟、沒有說出口的擔憂：我們的哀傷把自己變成什麼樣子了？我們現在淪落到跟一群雙眼圓睜、心甘情願被騙的傻子為伍了嗎？

不過我們什麼也沒說，或許是因為就算在腦子裡，我們也聽得出這樣的話有多酸、多刻

22 編按：結合多種形式的瑜伽、運動和呼吸技巧，幫助處理悲傷，解放情感。

薄。相反地，我們坐在車上，每半小時就緊張兮兮對彼此許下同一個承諾：「聽著，這或許很詭異，」我們其中一人會說：「不過，只要任何一個人受不了，我們可以索性離開！沒必要待著。我們純粹因為想做而做，想走隨時可以走。」

研討會開始沒多久，我們就知道這個逃跑計畫行不通。「我只有一條規則，」凱斯勒說：「如果你覺得需要離開，必須告訴我。這間屋子裡的每個人都曾在生命裡失去某個人，所以沒有人可以不說一聲就逕自離開。」

史黛西和我對看一眼：該死！

凱斯勒在合身的淡藍色毛衣底下穿了件有衣領的襯衫，很適合日間電視節目的柔和燈光。一個耳機式麥克風從他嘴角的左前方小心翼翼地突出，他在我們面前走來走去，彷彿我們是他的客廳擺飾。他的嗓音高而柔和悅耳，話語則經過精雕細琢，打磨成一句句發亮的金言：「哀傷反映的是一個斷裂的聯繫，」他用當你把一件事情重複上千遍之後、會用的那種略為跳躍的節拍說：「它反映的是你對那個人的愛。」

一份幻燈片簡報在他身後亮起來。在那上頭，我看見我的生活被無情地大卸八塊，俐落地歸納為條列式五階段：否認、憤怒、討價還價、憂鬱、接受。其中一條古怪地寫著：「跟雪較勁」。

凱斯勒在投影機燈光前走動，穿梭的身影落在布幕上，有如龐然大物。他問我們，「假設現在外面在下雪，而我站在門外大發脾氣，那會是什麼情景？想像你進門的時候從我身邊經過，我指著墜落地面的雪花大罵，『你不應該在這裡！老天不應該下雪！我討厭雪！走開！』」

他在竊笑聲中停頓半晌。「你會怎麼說？你會說：『我的天啊，外頭有個瘋子在跟現實吵架。』你會說：『大衛，現在在下雪，昨天也下雪了，你是在跟雪較勁。』」

說到這裡，他停止踱步，突然一個大轉身，環視整間屋子。「那就是當人們拒絕接受現實，我試著告訴他們的訊息。我試著告訴他們，『你是在跟雪較勁』。換句話說，你愛怎麼想就怎麼想，但無論如何都贏不了現實。」

「我覺得人們不了解的一個重點是，破碎的心就是敞開的心，」他接著說：「那是一顆開放的心，可以療癒、可以改變、可以重組、可以長出新的模式接受新的愛。我希望我們在這裡努力達成的目標之一，就是尋找方法帶領那顆破碎的心感受痛苦，獲得成長。」

哀傷即療癒，療癒即哀傷——這樣的迷魂湯撫慰了我，就像在額頭貼了一塊熱敷貼布。他說話的時候，我覺得我對複雜想法——那種上了花哨鉸鏈、可以甩開門供人自由詮釋的複雜概念——的需求，被刷洗得一乾二淨。觀眾席中爆出哧哧的吸鼻子聲，那是整個週末從不間斷的背景噪音。一盒盒面紙——粗糙刮鼻的廉價面紙——像祭獻蠟燭般擺在每一排座位的尾端，有需要的時候就會往中間遞送。

「哀傷是液態的，變動不居，」他提醒我們，「作家安．拉莫特（Anne Lamott）曾說，你的大腦是個治安不好的街區，千萬不要獨自一人走進去。」最重要的是，「哀傷和指紋一樣獨特。我們可以向你說明哀傷的階段，但那不是一趟線性旅程。說到底，沒有什麼東西或什麼人可以為你獨有的哀傷提供地圖，讓你按圖索驥。」

這節課程持續了一個半鐘頭，結束時他說：「好了，現在去吃點午餐，然後準備好回來面對莫琳。她會跟你們進行一場非常刺激的活動。」

午餐後，距離莫琳開始之前，史黛西和我還有幾分鐘可以消磨。我們在樓下閒晃，沿途經過幾塊標示牌，其中包括一場叫做「寫下那束光」的寫作班，以及一個即將登場的研討會，名為「以勇氣面對癌症」。左邊書店裡，大衛．凱斯勒的書占據角落的一整面書架。大廳對面，一間有著草地窗景的咖啡館，販賣著冰咖啡、雪糕和其他世俗樂事。人們無所事事地坐著，要麼瀏覽他們的手機，要麼旁若無人地高聲談話。

第二節課預定開始的幾分鐘前，我們一行人魚貫走進教室。一位身材精壯、一頭銀髮剪得極短的中年男子跟我們一起進門，心不在焉地朝我們的方向點點頭。我們緊張兮兮地微笑，在一屋子遭逢喪親之痛的陌生人之間，社會行為準則還有待確立。我們至少知道彼此的一件私事，不過對細節一無所知。這有點像參加一場家族聚會，到場的全是你不記得名字的遠房表親。

一對年輕夫婦在我們後面落座，我回頭瞄了他們一眼。納悶著是怎樣的損失把他們帶到這裡。他們身上透露的某種味道，讓我不禁猜想我們之間可能有一個可怕的共通點。他們面容憔悴、扭曲，儘管身材非常結實，看起來卻筋疲力盡。我更仔細觀察他們身上的「喪子」標記。男子左顧右盼研究其他人，每當不小心接觸到目光，就賊頭賊腦地微微一笑，然後轉過頭去。女人則直勾勾望著前方，眼神空洞。

在台前，莫琳拿起麥克風大踏步走出，直接切入主題，吱吱喳喳說了起來。她以凱斯勒的兩倍速度踱步，用呆板的波士頓愛爾蘭口音吐出一串連珠炮，讓我想起八〇年代末期幾名聒噪的喜劇演員。

「小時候，我經常看見家裡有鬼魂走來走去，」她說：「我們是愛爾蘭人，爸媽經常開派對，我還以為他們是喝醉的客人！」屋裡爆出些許笑聲。「我得說，有時候並不容易。」她接著說：「搭地鐵的時候，如果有個鬼魂用手肘推著你說，『喂，坐過去一點！你坐在我孫子旁邊，我有幾句話要對他說。』這樣的情況會有點難搞。有一天我上雜貨店，只是想買把梳子，收銀員的姐姐不肯放過我，在我身後上躥下跳。我最後只能轉過頭劈里啪啦罵道，『妳能不能稍微沉住氣？我只不過需要買一把該死的梳子。』那裡沒有半個人！我轉過頭來，櫃臺小姐看著我，彷彿我是驅邪的法師。」

她其實並不風趣，但是熱情豪放，整個房間因為她的活力而為之一亮。笑聲此起彼落。她停止踱步，對著大家微笑，「你瞧，我有時候一張口就說重話，人們會說：『哎呀，那娘兒們有什麼毛病？』」她承認道。「不過我是想激起你們的能量！歡笑，哭泣，這種種活動有助於提升我們的能量，幫助我了解你們。」

她結束獨白，閉上眼睛，用一隻手替自己輕輕搧風。「ＯＫ，我感應到一點東西，」她宣布，雙眼依舊緊閉。

我用眼角餘光瞥一眼史黛西，發現她稍微傾身向前。我全身僵硬。

「這邊有沒有人……有沒有人……」莫琳順著中間走道而下，越過前五排座位，離我們還有三張摺疊椅的距離。每一顆頭顱都稍微轉過來跟隨著她。她停了下來。

「我看見一個妻子，」她宣布，「她死於癌症。因癌症過世，已經有幾年了。」她的眼睛還是閉著，臉上閃過一抹微笑，「哇，她的能量真的很強。」她睜開眼睛，眼神散漫，然後謹慎地開口，彷彿在背台詞。「告訴瑪莉，她得念完大學。」她四處張望，「這句話對哪個人有任何意義嗎？」

跟我們一起進門的中年精壯男子就坐在她前面，他舉起了手。「那是內人，」他清晰而冷靜地說：「洛琳。她兩年前過世。」

「啊，」莫琳興奮地走向他說：「先生貴姓大名？」

「我是菲利普，我的女兒叫瑪莉，」菲利普說：「她媽媽過世後，她一直走不出困境，不斷提起想離開大學，休學一年。我一直試著勸她留在學校。」

屋裡一陣騷動。史黛西和我再度交流眼神：哇靠！

莫琳邀請菲利普上台，他在投影機布幕前的一張凳子坐下。莫琳坐得非常靠近，她的身體面對他，然後伸手握住他的手。她的另一隻手還拿著麥克風。「這不是她過世之後第一次向你們發出訊號，對吧？」她問。

菲利普鄭重地搖搖頭：不，不是。「去年感恩節，我們圍著餐桌坐在一起，包括每一個小孩和親戚朋友。」他說：「然後發生了一件極其詭異的事，房子裡的每盞燈全都忽明忽滅。供電沒有問題，因為爐子和微波爐都還能用。我們看著彼此，想確定每個人都看到了同樣的事。」

莫琳笑得更燦爛了，她再度閉上雙眼，深感滿足。「那是她，」她說：「那是她。那不是某個回憶？她在說：『最後一個耶誕節！最後一個耶誕節！』」

菲利普再次沉穩地點頭。「是的，沒錯，」他證實，「她說的是我們全家人最後一次團聚。那是耶誕節，我們一起吃團圓飯的時候，燈突然滅了。」

菲利普沒有被情緒擊垮。他的聲音深沉而清晰，膚色黝黑，彷彿他住在某個得經常待在戶外的地方。他的肩膀放鬆，即便坐在凳子上，姿態依舊挺立。莫琳的親密碰觸、全場的關注、他的妻子從另一個世界向他傳遞訊息的想法——這一切似乎早在他意料之中，莫琳只不過加以證實罷了。他絲毫不露聲色。

屋裡再次爆出抽噎聲。我偷偷朝後面那對年輕夫婦看了一眼。男人低頭盯著他的手，女人似乎更加縮進自己的內心世界。她的太陽穴微微凹陷，栗色的眼睛完全不透光。

在台上，洛琳依舊試著透過莫琳，堅持女兒必須完成學業。「她不肯罷休，簡直就像推著我的肩膀，」莫琳說：「答應我，務必讓她保證完成學業！」她開玩笑地捶他一拳說：「哇，她有時候可真專橫，是吧？」

菲利普笑了，臉上添了幾根新的線條。他非常克制，但聲音溫暖，「是的，女士，」他簡單回答，「她確實如此。」

「哎呀，你們兩個深愛對方勝過一切，這一點我一目瞭然。」莫琳說：「願上帝保佑你和你的家人。」她給菲利普一個擁抱，在人們的掌聲中送他回座。

屋裡的氣氛變得不太一樣了。三教九流的陌生人被相互需要的波浪打在一起，這樣的需要足夠純粹，以至於我們突然之間不再在乎別人對自己的看法。這裡再也沒有無名的「笨蛋」，再也沒有人心存懷疑。史黛西和我轉頭對望，我試著抬起眉毛表達「夠嗆吧？」的意味，但我可以感覺我的臉色發白。一位坐在我們這排最旁邊、穿毛衣的女士猛然站起，將雙腿折疊在身下，把屁股壓在腿上重新坐下，雙臂緊緊環抱胸口。

莫琳再度閉上眼睛，我可以看見她的眼球在眼皮底下微微顫動。所有人等待之際，她再一次停頓。「我看見很多刺青，」她說：「一個傢伙，年輕小伙子，他整條手臂從上到下布滿刺青。」接著，「天啊，他有一股非常新的能量，而且他說話速度很快，我沒辦法讓他冷靜下來。他跳來跳去，不斷喊著：『他在那裡！他在那裡！就在後面！』」她睜開眼睛。「後排的人，有沒有誰的名字是P開頭的？我接收到字母『P』。P……彼得？有沒有人叫彼得？」

我立刻把椅子轉過去，看見我在破冰活動的搭檔因恐懼而全身僵硬。他緩緩舉起長長的左手臂，彷彿不打自招。莫琳興沖沖從我們身邊走過，來到他的後排角落座位。前面幾排的人無不把椅子轉過來，目光跟隨著她。研討會壁花如今成了全場矚目的焦點。

彼得身高超過六呎[23]，坐在鐵灰色摺疊椅上看起來超級不舒服，他的膝蓋折成銳角，雙腿朝兩邊打開。但是當莫琳在他身旁等候，他並沒有起身，只是抬眼看著她，彷彿她是來送

23 編按：近一八三公分。

薑汁汽水的空服員。莫琳可不打算饒過他。

「哎呀，來吧，站起來！」她一邊說，一邊伸手抓住他的肩膀。「我才不要彎腰低頭。」

他慢吞吞且痛苦地把自己舒展開來，呈現在所有人面前。

「我感覺這是一個至親，跟你年紀相近。」她說，然後問：「你今年貴庚？」

彼得開口說話，但是他的頭沒有往前靠近麥克風，音量只夠讓我聽見，「二十八歲。」

「OK，他是不是比你大幾歲？」莫琳問。彼得點頭。「他是表哥……還是親哥？」

「他是我的親哥哥，」彼得抬起眼來接觸她的目光，聲音變得比較清晰。

莫琳柔和了聲音和眼神。「他不久前才跨越陰陽，對吧？」她再度停頓，聲音變得更低，「毒品，對吧？」

彼得身體一僵，但仍看著她的眼睛。「海洛因，」他輕聲回答。

「啊，」她說：「他什麼時候走的？」

「兩星期前，」彼得回答。

「我的天哪，」我旁邊那個穿運動褲的女人低聲輕嘆。

我想要起身去擁抱彼得，或至少替他擋住一屋子的目光——因為他肯定不喜歡這樣。我想讓他有個地方可以躲藏，不必忍受陌生人的凝視。我在座位上替他覺得痛。

「他想讓你知道他很好，」莫琳向他保證，「他不停地說：『我知道我搞砸了，老弟，我知道我搞砸了。』他曾有一段時間沒碰毒品？」

彼得再次點頭，卻不發一語。

「『照顧好媽媽，』他一遍又一遍地說。他說那是意外，他不是故意的，他很抱歉。他愛你。」

彼得現在正眼看著她，挺直了腰桿。

「他真像一隻大狗，一隻邊境牧羊犬。」莫琳笑著說：「你是弟弟，但你向來得照顧他。是那樣嗎？」

彼得微微牽動笑容，「沒錯。」

「是囉，」莫琳簡單而寵愛地說：「是囉。」

「『我很好，告訴他我很好，』他不停這麼說。」她重複著。「他還說：『謝謝你。』這句話來得又大聲又清晰。『謝謝你。』」她溫柔地凝視彼得，「你真是他的好兄弟，那永遠不會改變，」她說：「他愛你，他希望你放輕鬆。」她假裝抓住他的肩膀，開玩笑地搖搖他說：「嘿，老弟，放輕鬆點！」

肢體接觸讓彼得略為畏縮，但是他鬆懈下來了。

「他總是那麼對你說，是吧？」她問。

聽到這裡，彼得竟咧嘴笑了。「是啊，」他承認。

「噢，太棒了。你很棒，你的哥哥也很棒。來，給我一個擁抱，」莫琳情感洶湧。滿屋子的人再度鼓掌，掌聲比之前更響亮。

隨著課程繼續進行，史黛西和我發現自己迫切渴望被選中。選我，我們無聲地懇求。**葛瑞塔，我們在這裡。葛瑞塔，來找媽咪和爹地**。莫琳打趣說有好多靈魂爭先恐後排隊，手舉得高高的，搶著被選中。

「我想，裡頭也許有太多大人，葛瑞塔擠不過去。」史黛西對我耳語。

我想像我們的女兒在一場生日派對中站在我身旁，一隻手搭著媽媽的肩膀，謹慎地端詳屋裡的歡樂，拉長脖子想看清楚眼前的騷動。她在這樣的屋子裡根本毫無機會，我思忖著。我知道可以在哪裡找到她：在後頭，觀察一屋子的人，一點一滴吸收進去。課程結束，我們沒有收到她的隻字片語。當人們陸陸續續走出房間，史黛西和我還坐在椅子上，動都不想動一下。

✦

當你沿著克里帕魯的三層樓場地往上爬，你就一步步超脫了紅塵俗世。樓上禁用手機，在大餐廳吃早餐得保持肅靜。我們是隔天早晨在餐廳的喪禮氣氛中找東西吃時，才發現後面這條規則的，除了叉子的碰撞和啜茶的聲音之外，餐廳裡一片死寂。我端著托盤，餐具和餐盤在托盤上挪動的匡啷聲，讓我非常難為情。

史黛西走在我前面。她從一疊倒扣的杯子拿起一個棕色馬克杯，打算倒飲料喝。這時，她猛然轉身面對我，瞪大了眼睛，用舞台上那種其實全場都聽得見、有如拿了擴音器的竊竊私語對我說：「媽呀，他們連一滴該死的咖啡都沒有！」

我瘋狂噓她，搧風點火似地揮動手臂。沒有人轉過頭來，但我感覺別有興味的眼神如熱浪席捲而來。她跟著我走到一張擠滿人的餐桌尾端坐下，還在發著牢騷。緊挨著我的女士帶了一小本聖經，一邊讀聖經、一邊把一小口一小口摻了葵花子的有機麥片送進嘴裡。

「我覺得他們故意營造安靜氣氛，這樣就不會有人因為喝不到該死的咖啡而大吵大鬧。」我們走出餐廳時，史黛西壓低聲音抱怨。接下來兩天早晨，我們都在一樓的咖啡廳吃早餐、喝濃烈的咖啡、瀏覽臉書（Facebook）、享受同類——那些抱著矛盾心情、心裡還有疑惑的半吊子——的陪伴。

令人揪心的是，關於那對年輕夫妻——結婚七年的凱文和梅麗莎，我的猜測是對的。他們兩年前失去小女兒凱莉，她當時四歲。沒有意外，也沒有病痛，她只不過一天夜裡上床睡覺，從此沒再醒來。解剖一無所獲。「我隔天早上進房間時，她已經走了，」梅麗莎聳聳肩說，簡直像在致歉。

第二天上午課程結束後，我們一起吃了午餐，坐在可以遠眺綠地的窗邊。我懂她的肢體語言，那種因為無法提供更有道理的說詞而出於本能的自責。凱文垂下眼睛盯著盤子上的藜麥和菠菜，挑挑揀揀。他露出淒苦的笑容，承認這個說詞不夠充分。

「真的很難跟每個人解釋呢——跟家人，以及她幼兒園裡的小朋友，」梅麗莎說：「她沒有生病，也沒發生什麼事。要跟其他小朋友說明孩子過世的消息，原本已經夠難了，凱莉的死甚至毫無理由。我真覺得自己是全世界最不稱職的母親。」

「別的家長怎麼跟他們的孩子解釋呢？」我問。我想起葛瑞塔最好的朋友伊娃曾經以近乎宗教恐懼的眼神看著我們：事發大約十天後，我們在街上碰見伊娃和她媽媽。她躲在媽媽的腿後。「沒關係的，伊娃，葛瑞塔現在在天上了，」她母親無可奈何地說，試著把伊娃拖出來卻徒勞無功。

從她母親身後，伊娃棕色的眼睛對我射出責難而專注的目光：她最好的朋友走了，而我們卻還站在這裡，她能得到的唯一結論就是，我們必定對她做了什麼十惡不赦的事。

史黛西和我愀然地走回公寓大樓，默默無語。我們覺得自己猶如怪物，是被派來驚嚇幸運兒的蛇髮女妖。我想像在我們的身後，汽車緩緩轉向撞倒消防栓、花兒凋萎、商店玻璃應聲碎裂，我們掃過之處，老太婆因為心律調節器失靈而緊抓胸口、倒地不起。

「過一陣子後，一些朋友不跟我們說話了。」當我們告訴梅麗莎這個故事，她感同身受，「對他們來說，事情實在太難以想像，我們也很難想像。沒有人應該去想像這件事。一陣子過後，再次面對我們，他們心裡實在發毛。」

「是啊，」史黛西附和，「對許多人來說，這種事情太過沉重。我不怪任何人，我們自己都承受不住。」史黛西和我從沒提起，但是只要想起事發之後幾乎立刻把我們包圍起來的朋友圈，我們倆的心裡都會湧上一股感激之情。沒有人迴避我們的眼神，所有親朋好友似乎都知道什麼話得體、什麼話不得體。沒有人棄我們於不顧，也沒有人會在我們家待太久、惹我們心煩。我貪婪而急切地浸潤在這份愛裡，就像拿一小塊麵包吸乾碗底的湯。有時候，那是我曾擁有葛瑞塔、曾當過她父親的唯一證據。

梅麗莎和凱文是我們認識的第一對曾失去幼兒的夫婦，這件事帶給我們某種蒼白的慰藉。社會羞恥壟罩著這個俱樂部的每一個人，我們是新手爸媽聚會和媽咪群組的對立面，如鬼魅一般。失去父母的孩子是孤兒，喪偶的人是鰥夫或寡婦，但失去孩子的父母稱作什麼？我們的語言裡沒有替這樣的處境命名，意思很明顯：那是不可說的。由此推論，我們這種人也不應該存在。

「我覺得自己好像沒出櫃的人，試著摸清楚跟我說話的人是不是同志，」史黛西談起偷偷摸摸尋找同伴的祕密行動。在我對抗憤怒的時候，史黛西在對抗孤獨：其他人在哪裡？史黛西的世界地圖座標，完全由可靠的朋友、對話的交點、智慧的寶庫和支持的泉源構成。她毫不費力地尋找並建立這些社交脈絡，就像蜘蛛吐絲結網。

任何人，甚至是最孤僻的人，只要跟史黛西相處五分鐘，她都能用她的真誠好奇，溫柔地敲開他們的心房。表面問題——例如「你是吃哪一行飯的？」——能立刻挖出更豐富的內涵：他們怎麼看待自己的工作；如果有勇氣，他們有可能轉入怎樣的跑道；他們希望交怎樣的朋友；他們對自由意志的觀點。她的魅力是最純淨的：沒有包藏任何邪惡或私心，也沒打算占你便宜。她純粹想多了解你。

不過，要建立這種特別的團體，似乎連史黛西都束手無策。上網搜索可以找到一些支援團體，供流產或失去大孩子——死於吸毒過量、車禍、自殺或癌症的青少年——的家長尋找慰藉。但要找到一群年輕父母，他們的孩子還在牙牙學語、活蹦亂跳的階段就驟然離開人世，幾乎是不可能的事。我們警惕自己不要陷入自憐，一如警惕自己天天使用牙線，然而有時候，我們的境遇基本上就在乞討自憐。無法找到同病相憐的家庭，這樣的無力感就像在提出自憐的邀請。有時候，我看見自憐像鄰居的狗一般衝向我，猛然躺下來四腳朝天，露出肚皮。來吧，放縱一下吧，它說。

「至少，我們沒有人可以責怪，我很感激這一點，真的。」史黛西說：「而且，事情沒有任何……灰色地帶。我們不必被迫做真正困難的決定。情況很明確，她不可能活下來。」

「關於凱莉，最困難的部分就是沒有任何人可以責怪，」梅麗莎說：「你懷疑自己，儘管你什麼也沒做。你就是不由自主。關於前一天晚上，我質問自己一百萬個問題。我是不是忽略了什麼？我們是不是不夠用心？但是找不到任何疏失。那讓憤怒變得……很難。」

「是啊，我是說，我們可以跟誰生氣？」我脫口說出心中想法，「害死她的是一座天殺的大樓。我要怎麼跟一棟建築物生氣？」

「傑森有很多怒氣，」史黛西說：「而我只是……我不曉得。」她垂下眼睛，一時難以自持。我尋找凱文的眼神，納悶憤怒是否基本上屬於雄性反應。凱文迎接我的目光，但他的雙眼呆滯而瑟縮。他的神色有如房間裡唯一不會說英語的人，被放逐到一屋子難以理解的談話聲中。他能給的無非一抹無動於衷的笑容，以及一個愛莫能助的聳肩。

「我們太早回去上班了，」史黛西說：「那時候，我們似乎需要那麼做。但是現在，我們真的希望當初給自己更多時間。」

「是啊，我記得凱莉死後，我一心只想去印度，」梅麗莎說：「如果可以，我會去修行一年。不過，有一個年紀較大的孩子，情況很棘手。我們必須照顧他，所以我們其實沒機會消化很多事情。諾蘭確實需要我們，他也很迷惘。」

前一天晚上，我們被囑咐寫信給逝去的至親，梅麗莎和史黛西大嘆這項活動的難度。「實在不知道對她說什麼，」史黛西說：「以一個兩歲小孩來說，她懂很多詞彙。我們真的很幸運她那麼會說話，不過話說回來，她喜歡的東西是……麵條、巧克力。她好喜歡《冰雪奇緣》（*Frozen*）。」

「我們本來要帶凱莉去看《冰雪奇緣》，」梅麗莎追憶，「我們一起在電腦上看預告片。不過電影上映幾個月前，她就死了。」

「天啊，」我說：「你們後來去看了嗎？」

「看了，」她說：「那年十二月，我們去電影院看了，可是我從頭哭到尾。」

我們秉持且戰且走的策略，選擇不住克里帕魯的會館，而是繼續開車一．五英里，隨便挑一家民宿住下。我們以克里帕魯的私人房索價太高為藉口，替決策找理由，不過說實話，我們只是害怕被困住的感覺。

最後一晚，我們在碎花圖案的四帷柱床上，靜靜躺在彼此身旁。各自拿起了手機，遲疑一會兒後，雙雙開始安靜打字。光打出「葛瑞塔」這個名字再加上冒號，就引來銳利的疼痛。「葛瑞塔」是一個空缺，是個大洞，吞噬了我們生活中的所有聲音，到目前為止，我們大致滿足活在朦朧的無聲中。要公開對她說話、打開那個空缺的音量，中間沒有任何介質或緩衝，感覺非常危險、甚至違法，就像一場驅魔法會。

「嗨，心肝寶貝，」我起了頭，「為了妳，爹地和媽咪想要好好的，因為妳會希望我們快快樂樂。我們來這裡，因為還有其他傷心的人，他們也想念自己的爹地或朋友或兄弟姊妹，或甚至像妳這樣的小男孩或小女孩。」

淚水模糊了我的視線。我斜睇一眼，發現史黛西也一樣默默垂淚，眼眶和臉頰都微微泛紅。我把注意力轉回我的手機，感覺骨頭空心處傳來一陣疼痛。我短暫地緊閉雙眼擠出淚水，任眼淚滑落臉頰，沾溼衣襟。然後繼續書寫。

「親愛的甜心，」我寫著，「我們每天都在想妳。沒有被妳吵醒的每個早晨，沒辦法親親妳、跟妳說晚安的每個夜晚，我們都在想妳。」回憶如滾雪球般洶湧而來。打字開始越來越快，我的信簡直成了一篇呻吟，成了一長串清單，羅列我們無法再一起做的事情：坐在地板上玩積木、指著書本裡的畫片。幾個句子之後，覺得我是在跟自己對話，在跟她離去之後我拿來填補空缺的自憐與寂寞對話。還沒來得及停下來看一眼，我就已經寫了五大段。最後一句話很簡單：「我還記得當父母的感覺。」

寫完之後，我們互換手機。史黛西的信只有兩段。「心肝寶貝，我有時候害怕對妳說話，我不知道為什麼會這樣。」文中一度寫著，「沒有妳在身邊，知道有好多事情我們永遠無法一起體驗，納悶妳原本會變成什麼樣子，這一切好難。」信的結尾令人心碎，「我每天都在想妳，葛瑞塔，我很抱歉。」這句「我很抱歉」，讓我稍微屏住了呼吸。

我用眼角偷瞄史黛西的臉龐：她是否默默活在自責裡？我尋思著。遠在我成為葛瑞塔的父親之前，史黛西就已經是葛瑞塔的母親。她懷著葛瑞塔，對著在她肚子裡泅水的寶寶輕聲說話。她們倆相知之深，超過了任何言語。

葛瑞塔誕生的情景突然浮現我眼前，我見證了她們之間那種難以形容又令人嘆為觀止的團隊合作。胎頭著冠（crowning）的時候，葛瑞塔面朝下。每一次推擠，都會把她那微小而斑駁的紫色頭顱推出來一點，比較像器官而不像人。然後她縮回去，從無到有，再變回無。

「她的心跳很漂亮，」我們的助產士麗塔看著手持裝置，實事求是地告知我們。

每次子宮收縮，史黛西就抓住我的頭髮，一抓一大把。她從符合社會禮儀規範的呻吟與深呼吸，豁開來展現最原始的反應：發自喉嚨的尖叫，妳的遺傳基因宣告主權的聲音。

下一次宮縮，史黛西重新抓住握在手中的一把頭髮，我的頭皮熱辣辣的，感覺又刺又麻。葛瑞塔的頭重新出現，撐在那裡。接下來發生了我親眼所見後，仍然不敢置信的超現實事件：我看著她一百八十度旋轉，正面朝上；唯有注視她頭上一小撮頭髮當基準點，才能確認真有其事。我側躺下來，跟史黛西面對面，告訴她這件事情。她閉著眼睛，專注在比我們所有人更深沉的地方，露出一抹微笑。然後她的眉頭再度緊蹙，大聲而猛烈地用氣音說：「她要出來了。」再推擠一次或兩次之後，史黛西伸手到她的兩腿間，把葛瑞塔拉出來。

「嗨，小美女，」史黛西顫抖著對她耳語，臉色蒼白。葛瑞塔呱呱大哭，立刻在她母親的整片胸前拉屎，她們倆都沾滿了漆黑色的胎便。她的小腳柔弱地揮動，像隻被困在浮油裡的小鳥。

在我們身後，我聽見麗塔的聲音稍微失去那股來自加州的閒散與活潑，「媽媽有點出血，」她說。出現了一陣慌亂的醫療行動，儀器設備匡噹作響，這些我都沒有去看。葛瑞塔的雙臂呈大字型，像所有新生兒那樣原始而無助地揮舞。史黛西拍拍她，安撫著說：「噓，噓。」我一度低頭觀看麗塔的行動，我至今對她仍保有一個鮮明而夢幻的記憶：她頂著頭燈，戴了手套的左手拿著一根針，從我無意去看清的史黛西體內某個地方拉出一條長而透明的線。

由於失血，史黛西的手抖得更厲害了，因此把還在嚎啕大哭的葛瑞塔交給了我。我把她的小小身軀放到我的左肩，第一次在她耳邊唱起《酒吧之間》，她的哭聲開始變得斷斷續續，然後逐漸停歇。

幾小時後，滿床的血被包成一大包，床單、護墊和其他有的沒的，通通被丟進房間角落的大型醫用廢棄箱裡。護理師把一張透明搖籃放在我們的床邊，並且把葛瑞塔裹進襁褓，手法就像軍人在軍事葬禮中摺疊國旗那般熟練。一等她走出去讓我們補眠，我們立刻悄悄把葛瑞塔抱出來，放到床上，躺在我們兩人中間，望著她小鳥般的胸骨起起伏伏。史黛西寵愛地凝望著她，再次呼喊：「嗨，小美女。」笑容讓她的臉煥發著光彩。她們剛剛通過生命中最混亂的考驗，一起努力、一起呼吸。

史黛西——葛瑞塔最初的照顧者、懷著葛瑞塔身體的那副身體——是否背負著某種如原罪的罪疚感？我記得伊麗莎白的女兒克萊拉出生幾個月後，我和當時還在努力對抗產後憂鬱症的伊麗莎白聊天。她說起看到其他人抱克萊拉，「就像看著別人捧著我的某個器官，或我的左手臂。」常有喪子的父母說他們的「一部分」死去了，但是讀著史黛西的信，我再次想著這句話對她而言何其具象，對我而言又是何其抽象。「我很抱歉。」

✦

跟凱文及梅麗莎吃午餐的時候，我瞄了他們一眼，納悶他們的信放在哪一個人身上。我納悶梅麗莎到底寫信了沒，還是把紙筆放在眼前，卻說不出一個字。或許凱文埋頭在手機鍵盤上敲敲打打，用完美的十號字體無聲吶喊。我啜一口熱熱的花草茶，雙手捧著馬克杯，想著我們四個大人共進午餐，身上各自揣著一封給亡女的信，這是多麼奇怪的事。

我們一起從餐廳走回教室，史黛西和梅麗莎在前面邊走邊聊，凱文和我殿後，大部分時間不發一語。入座時，我瞥見史黛西的眼睛，發現裡頭多了一些東西：一絲光芒，儘管十分微弱。悲傷時，史黛西的雙眼會變得陰鬱黯淡，就像深夜冰冷的港口海水。如今，彷彿有人朝海水投射一束幽微的光，雖然很快沉沒消失，卻及時對海面傳送了一個微弱信號。

✦

「希望大家都休息得不錯，」當所有人坐定、準備好進行下午的課程時，大衛・凱斯勒對我們說：「你們是不是還記得，昨天課程結束前，我請大家寫一封信給你們的至親。是不是每個人都寫了？」

現場一片喃喃的應答聲。

「是不是每個人都帶了自己的信？好的，太棒了，何不現在把信拿出來？」

我環顧四週，大夥兒突然窸窸窣窣翻找起來。我看見坐在我們前面的梅麗莎從皮包掏出一張黃色公文紙、打開並抓住了紙張邊緣。她全身僵硬，指尖發白。我看見上頭爬滿了紅筆字跡，趕緊在字母湊起來顯現意義之前移開目光。就連不小心瞥見都讓我覺得褻瀆。

「有誰願意朗讀自己的信？」凱斯勒問。

史黛西用手肘輕輕戳我一下。她知道我私心裡多麼渴望這種露臉的機會，我需要受到關注。眾目睽睽下，我往往站得更挺直，她卻本能地畏縮不前。在我們的婚宴上，她多半時間都處於幾近恐慌的狀態，無法加入人群而不放聲尖叫。

我緩緩舉手，彷彿一邊還在盤算要不要這麼做。凱斯勒的目光落到我身上，我感覺一屋子的能量隨著他一起轉動。他是溝通和操縱大師，擅於占領並指揮一群傷心人的情緒，使得整件事情看來完全不需要大驚小怪。「對，那邊那位，」他喊我，「你何不把你寫的內容讀給大家聽？首先，請簡單告訴我們這封信是寫給誰的。」

我清了清嗓子。

「寫給我們的女兒，」我說。聲音一開始有些尖銳，然後沉得太低。

「我很遺憾，」凱斯勒兩眼直勾勾望著我說。我感覺自己是被挾持的人質，而凱斯勒是被派來降伏我的人。我察覺所有人的目光都朝我和史黛西打過來。我把已經灼熱的雙眼聚焦在手機上，開始朗讀。

當我讀到中間段落——「我們有一張媽媽抱著妳的照片，她戴著遮陽帽，坐在樹墩上。我覺得妳已經跟家人過了八天的好日子，知道生活會是什麼樣子，也知道和爹地在一起會玩得多麼開心。然後老天把妳從我們身邊奪走」——我開始聽到悲傷的聲音，細微的私語和哀嘆，以及從廉價盒子抽出面紙的聲音。

讀完後，我抬起眼睛，看見凱斯勒肅穆地望著我們。「令嬡幾歲過世？」他問我。

「兩歲，」我告訴他。房間裡出現一波波震驚，如漣漪般蕩漾，讓我大感驚訝。我們已經聽過別人的故事，有些人的成年子女選擇自縊，有些人的青少年子女死於癌症。

「她生病了嗎？」凱斯勒問，我感受到那股熟悉的信差的焦慮。

「沒有。一個磚塊從八層樓高的建築物掉下來，砸中了她。」

我聽見抽氣聲。從我的眼角，我看見象徵自憐的狗奔向我，搖著尾巴，牠抬起一根眉毛說：即便在這個房間，即便跟這些人在一起，你仍然是哀傷中的搖滾巨星。就連這些破碎的人都無法想像你的痛苦。夠嗆的吧？

「這是個不幸的經歷，我很遺憾，」凱斯勒說。他停頓片刻，再接著說：「你聽起來很憤怒。你憤怒嗎？」

「對，」我說。我感覺危險的熱氣從聲音中冒出來，連帶扯出了眼淚。「我現在一天到晚都在生氣。以前從來不會這樣。我向來痛恨憤怒。我生命中見證過的每一件惡事，都是因為某個人對另一個人生氣。憤怒讓人們傷害彼此。我不希望心裡藏著怒火，但我現在卻時時刻刻活在怒火中，覺得快要窒息。」我哭了起來，「我覺得自己很差勁，覺得自己好像得了癌症。」

「你當然憤怒，」凱斯勒說：「光聽到你的故事，我就替你感到憤怒。兩位能幫我一個忙嗎，拜託？我要請你們走到台前。」

我看看史黛西，想判讀她的眼神，但她的雙眼已經因為驚慌而晦暗不明。拜我之賜，我們正以慢動作走進她最恐懼的惡夢。要求史黛西「走到台前」，有如要求螞蟻爬到放大鏡底下，或要求你故意把手伸進木材削片機。我們緩緩起身，一前一後穿過一排排摺疊椅的中間走道。

「我想進行憤怒活動，」凱斯勒說。「我們的社會對憤怒有既定的看法——憤怒很負面、很危險，我們應該壓抑它。憤怒是很自然的事，坦白說，也很健康。我們會憤怒是有原因的，只有當我們否認它，或者無法發洩怒氣，它才會讓我們不舒服，或突然失控。」

他轉向我。「傑森，你說你認為憤怒會傷人，我無法苟同。我認為壓抑憤怒才會傷人。我覺得憤怒是正面的情緒，只有正視憤怒，我們才能真正放下它。」

他在台前清出一塊空間，然後蹦蹦跳跳跑到放置瑜伽道具的角落，拿回兩個又蓬又軟的長方形靠枕交給我們。「捶打枕頭是釋放怒氣的典型技巧，」他說。「我要你們這麼做，這樣吧，我示範一下。」話一說完，他便以驚人的敏捷跪倒在地，雙拳高舉過頭，彷彿漫畫裡詛咒天堂的惡霸，然後一邊有節奏地放下拳頭，一邊高喊：「太！不！公！平！」

我再度捕捉史黛西的眼神，隨著我們要在大庭廣眾下做的事情益發明朗，她的雙眼睜得更大了。凱斯勒一躍而起，遞出枕頭，滿懷期待地說：「來吧，開始吧！」

這已從史黛西最恐懼的惡夢進階到荒謬的範疇。我因內疚而喉嚨緊縮，但是團體動力法則起了作用，我們倆懷著忐忑的心，緩緩跪在台前的一個小木棧，膝蓋墊在對折兩次的毯子上。然後無助地抬頭望著他，就像等候老師下指令的幼稚園小朋友。

「好了，現在我要你們想出一句話，」他說：「什麼事情讓你生氣？你痛恨什麼？」

我思索片刻。「我痛恨快樂的家庭，」我告訴他。「每次看到一家人散步，或者父親把孩子扛在肩上，我只覺得又氣又恨。我恨他們。有時候，我竟然希望他們發生可怕的事情，然後我會覺得噁心，這麼可怕的念頭是怎麼鑽進我的心裡？」

「哎呀，當你失去自己的孩子，他們有什麼權利擁有孩子？」凱斯勒吼著，「現在，我要你說，一邊捶枕頭一邊說：『我痛恨快樂家庭！』而且為了表示支持，我們所有人都會陪你一起說。準備好了嗎？一……二……三！」

當大夥兒陪我一起吼叫，牆壁幾乎為之震動，但我完全沒注意到其他人，和我獨自一人沒什麼兩樣。「我痛恨快樂家庭！」我放聲大吼，猛捶枕頭，感覺雙手沉入了柔軟之中。

捶枕頭的時候，我感覺體內一陣陣電流鬆開了束縛。原來，暴力一直蟄伏在我的身體裡。我在一屋子成人面前又捶又吼，埋在心靈深處的一場夢——我不只做過一次，但一直不允許逸出潛意識最底層的一場夢——咕嚕嚕地冒了出來。

在夢中，我的怒氣幻化為人——一個男人，跟我一樣的三十多歲白人，沒有任何顯著特徵。他大概是我每天早晨通勤，遇見的每一個身體健康、精力充沛、心滿意足的男人的綜合體。我在夢中對那人猛烈施暴，簡直窮凶惡極。不顧這人的抗議，我跪在他的胸口，膝蓋壓迫他的呼吸道，他的臉變成醬紫色。他一邊語無倫次說話，一邊用眼神向我求饒。我慢吞吞站起來，用力揮拳打在他鼻子上，感覺他細小的骨頭應聲斷裂，卡進底下更柔軟的組織。我聽見他尖叫，聽見液體充塞他的口腔，淹沒他的哀號。我捶了一拳又一拳，拳頭閃閃發光。我底下的那張臉變得血肉模糊，難以辨認。在夢中，我發出宣戰的怒吼，彷彿要告知周圍的世界：你不能奪走我的東西，還期望我悶聲不響。

此刻，我用雙拳一次又一次捶打枕頭。我察覺史黛西在我身後某個地方。她遲疑地微微收起拳頭，在枕頭上空躊躇不前。她是被我拖著參加旅行的一名乘客。

「史黛西，讓妳生氣的是什麼？」凱斯勒盤問。

她一臉震驚。「我不知道，」她說。

「哎呀，說說看嘛！」凱斯勒煽動她，「妳的女兒遇害了！我們活在怎樣的世界，居然允許這種事情發生？」

即便太陽穴充血，我仍然繃緊神經轉身，本能地怒斥凱斯勒：「別吼她！」

「呃，那棟大樓是老人中心。現在，每次走在路上，我覺得……有時候，當我走過老人身旁，我覺得很難受……。」

她結結巴巴地說著，我的喉嚨一緊。我彷彿目睹她把念頭縮回還沒學會語言之前的大腦皮質層，猶如刷地一聲縮回去的捲尺。

她深吸一口氣。「他們……他們偶爾讓我生氣。但是我能怎麼辦？我總不能到處說『我痛恨老年人』吧。」她緊張地輕輕一笑。

「妳當然可以！」凱斯勒大聲叫喊，用力強調。「妳絕對可以。每個人都知道妳的意思。妳並不真的痛恨老人，妳恨的是他們擁有的時間，妳恨他們可以度過豐富的一生，葛瑞塔卻驟然離世。現在大家陪妳一起，妳何不捶打枕頭，並且高喊『我痛恨老年人！』」

史黛西驚恐地睜大雙眼。

「準備好了嗎？」他質問，然後開始計數，「一……二……三……『我痛恨老年人！』」

我環視四周，看見前排有一位銀髮女士拿起枕頭，跟著一起大喊，「我痛恨老年人！」同時隱約揚起了嘴角。有些人忍不住笑了出來。我也是，儘管我像個懺悔者般跪在他們面前。我們已集結成一支地獄大軍，動員起來對所有老年人和幸福家庭發動攻擊。我的雙手溫熱，臉頰因喜悅而漲紅。

「大家都看見憤怒的力量了，」凱斯勒評論，「當我們停下來釋放它、感受它，它就能賦予我們自由。現在，我要謝謝史黛西和傑森的勇氣。如果有人願意效法他們，我想邀請每個人抓起枕頭，隨便找個地方坐到地上。每個人都可以吼出自己心中的話，不論什麼時候，重點是把怒氣釋放出來。」

我驚奇地望著每一張椅子差不多都空了，男男女女各自占據某個角落。兩位女士走到台前，把她們的枕頭撲通一聲丟到我們面前的木棧板上。

「好，大家準備好了嗎？」凱斯勒喊道，「數到三，我要請每個人放開心裡的一切。把你的怒氣發洩到枕頭上，大聲喊出湧上心頭的每一句話，好嗎？一……二……三！」

屋內霎時鬧哄哄一片。最左邊的角落，一名矮胖而激動的男人開始怒罵他的岳父母，我聽不出來他失去的至親是兒子還是妻子。在他旁邊，一位女士一邊慟哭、一邊捶枕頭，埋怨過世的母親留下她和妹妹共處。「我向來討厭她，現在，妳留下我跟她一起處理妳的那堆破事！」她尖聲哭叫。在我的正前面，一名女士痛批結婚數十年後、毫無徵兆突然自殺的丈夫，「你為什麼拋下我，只留下一棟我賣不掉的房子！」她嚎啕著捶打枕頭，鑽心哭泣。

空氣中充滿電荷，火辣辣地，讓我聯想起氣象變化。屋裡釋放出的能量似乎足以掀起車輛、扯斷欄杆、捲走樹木。我席地而坐，鬆懈下來，完全放空，聆聽一屋子哭嚎。我閉上雙眼，想起從前坐在母親懷裡，在我們家的前廊凝望天邊打雷下雨：我在見證可觀而強大的暴力，卻在其中感受安全與溫暖。

我回頭看看史黛西。她的雙眼發亮、臉頰泛紅，我們彼此心有靈犀地微微一笑。

✶

打完枕頭，我們全都隨意站著，熱切地跟陌生人交流。「兩位，我只想說，你們的勇氣讓我非常感動。」一名穿著連帽運動衫和寬鬆長褲的黑髮女士，碰碰史黛西的手肘說。我們發現，她是來這裡追悼還沒過世的丈夫：他幾年前被蚊子叮咬，感染了西尼羅病毒（West Nile）。照她的說法，病毒摧毀了他的心智，把他變成「一個有大人力氣的兩歲小孩」。他變得很危險，於是她把他送進全天候的看護中心。她的婆婆指控她拋棄丈夫，從此不跟她說話。「是時候放下他繼續往前走了，」她哀傷地說。「我嫁的那個男人幾年前就死了。」

我慢慢學會，哀傷是你進入的一個世界——一個充滿輕聲細語、溫柔凝視、密切觀察和劇烈熱情的世界。就許多方面而言，那是一個美麗的救贖之地；此時，前來克里帕魯的每個人都已徹底對這個地方交出自己。這裡有某種美感包圍著我們——存在於那名儘管自己生活沉重卻仍擁有悲天憫人之心的女人，也存在於我們給予她的直接而溫暖的回應。如果你願意，哀傷也可以是一座寧靜的石廟，你只聽得到自己和同行旅伴的聲音喃喃迴盪。當我們在這裡，沒有人要求我們完成任何具體任務或解決任何特定難題。塵俗俱已消散，獨留最高意義留存。

我們離開之前，史黛西鼓起勇氣去找莫琳。兩天三堂課下來，我們始終沒收到葛瑞塔的隻字片語。我們期盼凱文和梅麗莎的女兒凱莉能找到葛瑞塔，牽起她的手，或許她們倆聯手，可以讓莫琳注意到她們的存在。不過她每一次放大瞳孔掃視全場，最後總會重新聚焦到另一個人身上，另一名與會者收到了來自幽冥的訊息。這個週末結束了，團體合照之後，人們開始流向大廳，走到門口。我感覺身邊的史黛西充滿渴望。我轉身面對她，「去吧，」我催促著。她站起來，信步走向正在台前跟別人聊天的莫琳。

史黛西幾分鐘後回來，眼裡陰霾密布，難掩失望。

「怎麼樣？」我問。

「她沒得到什麼訊息，」史黛西傷心地說。「我告訴她我們的事情，她抓住我的手。她說她只得到一些閃光而已，沒有話語。」

我繼續逼問。「她什麼都沒看見嗎？什麼樣的閃光？她有沒有收到任何畫面？」

「她說她只清清楚楚看到一顆氣球。一顆氣球。我不明白。那對你有任何意義嗎？」

這句話對我有如電擊。「史黛西，我的天啊，」我說。「妳不記得了嗎？那天在屋頂。」

上個夏天，史黛西和我每週四到一座屋頂天台上瑜伽課。瑜伽老師住在一棟六層樓公寓的頂層，可以俯瞰康尼島大道（Coney Island Avenue）。不可思議的是，她的公寓有一座環繞式天台。站在遠離塵囂的天台上，就連康尼島大道都透著幾分祥和寧靜。我們每星期四下班後準時報到，在她把 iPhone 插進手提式喇叭播放輕柔音樂時，仰望藍天。她的六歲兒子賈斯汀偶爾會離開用來占據他注意力的電影，跑出來大亂一場，又吼又叫地穿越一張張瑜伽墊。有時候，她的狗也會跑到外面，在我們進行攤屍式大休息（savasana）閉上雙眼、放鬆四肢時，對我們亂吠一通。不過，她生活中的快樂混亂，似乎跟一切完美融合，無縫接軌。

下課之後，我們會吃新鮮水果，看著落日點燃天際線上櫛比鱗次的屋頂。

有一次上課，我們躺著轉向一側，凝望天空。我看見一顆紫色氣球，像一顆小點劃過萬里無雲的藍天。基於我無法領會的某種理由，我指著它悄悄對史黛西說：「那是葛瑞塔。」史黛西開始莫名其妙哭了起來，她也覺得那是真的。

坐在克里帕魯，我感覺一股寒氣穿越了史黛西，也穿越了我。葛瑞塔著迷於氣球——特別是它們飛走的模樣。那是我傳授給她有關失控的第一課。有一次，我們在公寓大樓外的轉角，流連忘返地看著人行道上某個有趣的縫隙，或某棵瘦巴巴的樹木時，一對夫妻推著他們的孩子從我們身邊走過。嬰兒車上結滿白色氣球，吸引了葛瑞塔的注意。那個媽媽好心地解開一顆氣球交給我們，我試著把它綁在葛瑞塔的手腕上，但她不依，她要用自己的掌心握住繩子。

「那好吧，不過妳要牢牢抓住喔，好嗎？」我叮嚀她，同時對接下來勢必發生的事情感到一陣滑稽。

果不其然，葛瑞塔還沒走兩步路就鬆開手，氣球往上飛走，卡在一根彎曲的樹枝上。望著那張震驚的臉慢動作似地即將崩潰，我趕緊吱吱喳喳介入。

「看哪，葛瑞塔，氣球飛高高——飛上了天！」我用濃厚的興致指著氣球，彷彿氣球飛行是全世界最有趣的事，是我們可以一起研究的自然現象。「它原本在妳手上，然後跑掉了，跑到上面！在那裡，在那棵樹上！它飛走了，飛上了天空！」

我重複對她描述這段旅程，實事求是地談論她的損失，那是我們終究必須聊到的另一個話題。她放鬆了臉部線條，變得鬱鬱寡歡，帶著沉重的目光試探地說：「它飛走了？飛上了天空！」

在那之後，只要有東西搞丟——她的奶嘴（那其實是被藏起來而不是弄丟了，因為她後來只有假裝自己是嬰兒時才對奶嘴感興趣）、她的奶瓶、一個小洋娃娃、一台玩具汽車——她就是這樣安慰自己的。「它飛走了——飛上了天空！」她會這樣宣稱。那顆氣球是關於世事無常的一個具體例證，她永遠銘記在心。

「留意各種信號，」莫琳在最後一堂課告訴大家。「你們必須試著放鬆來接收信號，要更敏感一點。你們必須關掉疑心，因為我們每個人都會心存懷疑——『噢，我當然看見街上那枚銅板，上頭有我父親的出生年份，但那就是一枚零錢而已』——就算你沒說錯，你也沒有用正確的心態對待它。接受信號有賴感受力，你們必須學會感受。靈魂時時刻刻都試圖聯繫我們，但他們只能發出那樣的微弱信號。如果你不留意信號，就失去收到訊息的機會。」

自從葛瑞塔死後，史黛西和我第一次覺得拉開了將我們和她分隔兩界的布幕。我們帶著敬畏之心開車回家。當城市的天際線緩緩進入眼簾，我們感覺自己彷彿從另一度空間重新回到這座城市。我們誓言保留心中這份精神，不讓它被城市的喧囂淹沒。

SECTION FOUR

尋覓新家

Searching for Home

從克里帕魯回到家，終於面臨了無根的生活。時序接近感恩節，我們已經漫無目的生活了六個月。就某方面而言，缺乏意義是一種慰藉。我們必定很享受這種感覺，而不斷地加碼：這樣看來，失去葛瑞塔後，我們一直在實驗能把自己刨空到什麼程度，並仍保留技術上的存在。

首先要刨掉的是我們的家。葛瑞塔的身影輕快地踏過每個角落，無所不在。置身在沒有她的公寓、路過她的空房間那扇緊閉的房門、轉移目光去上廁所——在在令人難以承受。每一本悲傷輔導書都說，遭遇重大創傷之後，至少一年內別做任何劇烈改變。我們很快認定那全是鬼扯。

到了七月，史黛西已開始搜尋待售的房屋，按照房子的價錢、地區、房間數，以及獨立產權公寓或合作型公寓[24]分門別類。在我們人生的重大轉折點上，我往往變成一件隨行貨物：史黛西會標出航線，如果我夠警覺，便會急急忙忙穩住船舵。她有一種靈性，能在事情還混沌不明的時候勘測未來、勾勒藍圖、解決後勤問題。**必定有什麼東西存在這片黑暗前**

24 編按：獨立產權公寓（condominium），戶主擁有自己單戶的產權；合作型公寓（co-op），戶主並不擁有任何產權，而是擁有合作公寓的股份及居住單位的使用權。

方，所以我們得開始丈量。

找房子占據了她大部分閒暇時間，其他空檔，就用來丟棄油漆罐、舊毛衣和電器用品。以前依她指示堆到衣櫃頂端的雜物，忽然對她微聲低語，所以我不得不爬上梯子，把它們通通拽回地毯上。我們把幾袋舊衣服送去資源回收，也丟掉幾根零散的連接器和RCA接線。夜裡，我們坐在沙發上，史黛西瀏覽房源。我們喜歡這家的平面配置；不喜歡那棟大樓那麼老舊；這間那麼便宜，其中必有蹊蹺；天啊，這棟樓的管理費太瘋狂了。「我什麼都不想做，只想扔掉雜物和找房子。」史黛西向我透露。

在我們之間，空氣中有另一樣東西蠢蠢欲動——我們不敢過早稱之為「希望」，但都認得它的氛圍。一天夜裡，聊起搬家的時候，史黛西說出口了：「我們沒辦法在這裡重頭來過。」

我早已發現這個念頭在心裡跳動：我想再次當個父親。不過，並非只想再次當「爸爸」，我想當葛瑞塔的爸爸。我喜歡葛瑞塔的父親，儘管被折騰得筋疲力盡，他仍然洋溢驕傲與幸福。有時候，我依舊期待抬起頭，看見葛瑞塔和我手牽手笑著走過路口，彷彿從遠方端詳從前的我。

就在我們開始尋找新家之際，《紐約時報》（*The New York Times*）公布了一份報告。窗檯碎塊怎麼會突如其來從八樓墜落，擊中一名小孩？雖然沒有人想到知會父母，但市政府顯然代表葛瑞塔發動了調查，檢調單位被派來挖掘事情真相。

根據市政府的報告，蘇西外婆家轉角的老人中心——她和葛瑞塔經常停下來跟住戶聊聊天的地方——被一名從未到過現場勘驗的稽查員認證「安全無虞」。他從未見過這棟建築，甚至從未站在街道對面拿望遠鏡看它一眼；從未注意到大樓外牆上那道巨大的S型裂痕。這道裂痕發出如此迫在眉睫的緊急訊號，以致在對街檢查另一棟建築的其他稽查員，不由得寫了封電子郵件向房屋管理局呈報。根據《紐約時報》報導，有人對此做出回應，但沒有採取任何行動。

調查發現，紐約市有好幾百棟建築像這樣嚴重違反安全規定。

報導之後，墜落的磚頭開始如夢魘般在我心裡反覆播放——不斷橫空飛出，擊碎葛瑞塔火花四射的大腦。我開始經常想起「屈辱」（mortified）這個字。「我受了屈辱，」人們會這麼說——意思是我極度受窘，覺得自己無非一具身體，其餘什麼都不是。「我死了，」人們也會這麼說，不過這句話不具備同樣勁道：每個英文系學生最終都得讀鄧約翰（John

Donne）[25]的詩歌〈宣布成聖〉（The Canonization），只為了聆聽教授雙眼發亮地解釋「我們死而復生，一切照舊」的真正意義。死亡很浪漫，甚至性感。「屈辱」則流竄一股令人為之一僵的電流，有如低溫即將來襲。

葛瑞塔並非死去。葛瑞塔是受到屈辱。那塊磚頭是宇宙派來的巨大羞辱，是對她的卑微希望、夢想與計畫的駁斥。現在，她的靈魂消散了，就像碎裂的期望留下的一條彗星尾巴。

這份報告後，十年來我稱之為家的城市霎時變得太喧嘩、太吵鬧、太危險。走路的時候，我總會抬頭張望，唯恐有東西突然從天而降。我會走到馬路對面，避開鷹架和人行道施工棚。這是完全不理性的反應，正因這兩者的欠缺，才導致葛瑞塔喪命。在我就像躲開隨時會從樹上掉下來的成熟水果那樣，急忙躲開伸出窗外呻吟的冷氣機時，心中納悶著：莫非我在這塊傷心之地扎了根，毫無想像出走的勇氣？我們是否應該永遠離開這座城市？

「九一一後，我見過兩種病人，」我的心理治療師說：「考慮離開的人，和真正離開的人。沒有誰對誰錯。事情也許還會改變，但我跟你聊了幾個月以來，在我看來，你是那種不會離開的人。」

她說的沒錯，我們思忖。縱使現在，我們依舊無法想像離開。已經在這不適合居住的地方耗費太多時間、投注太多心血，此刻，我們就像硬生生從懸崖邊拔地長出的兩棵樹，適應了這裡的生活，認定自己無法在別的地方茁壯。

所以當樹葉開始轉黃，我們開車到皇冠高地（Crown Heights）[26]參觀一間待售房屋。那天風和日麗，到處是全家人其樂融融的景象——孩子坐在父親肩上、跟葛瑞塔差不多年紀的幼童騎著滑板車。那是一間三房公寓，牆上掛著裱框的兒童繪畫。男孩的房間漆成大紅色，擺了運動錦旗、海報和獎盃，為了供人參觀而收拾得出奇整齊。我們穿梭在空蕩蕩的房子裡，感覺有如遊魂。

「房子很漂亮，」我們告訴站在一旁蒐集訪客姓名、試著不緊迫盯人的女士，然後快閃走人。

接著，我們不可理喻地愛上一棟雙併式住宅。那是一間古怪而迷人的小屋，坐落在公園坡外圍，附有地下室和後院。格局有些無厘頭——有如玩具屋的小陽台幾乎沒有站立的地方，面向只能從兩家共用穿堂進出的小院子。但那片綠地、那份隱密——這些幻夢遮蔽了我們的眼睛。出了價，然後在賣方接受出價時頓時從夢中驚醒。

突然間，史黛西開始大半夜不睡覺，不停思索房屋的平面配置，想像房子是否塞得下

25 編按：玄學派詩人。
26 編按：位於布魯克林區。

我們的兩張沙發、可以把嬰兒車停在哪裡、要如何擋住樓梯。「OK，我想到解決辦法了，」每天一起床她就會對我這麼宣布，把我拉過去研究她的最新配置圖，然後垂頭喪氣地發現漏洞。「噢，不好，這麼一來，尿布台就會擋住窗戶。」

「如果把電視櫃挪到這邊呢？」我指著另一個角落問。

我們思索了一會兒。「那樣也行，」她讓步說。

我們再去看看了那棟房子，設法讓自己安心。當仲介試圖勸慰我們：「這個地方真的很特別，而且你們和它真的很有緣。」我卻發現自己不斷揮趕從令人不安、蚊蚋叢生的後院飛來的蚊子——五隻、七隻、九隻。我們走到屋外，那是個美好而靜謐的街區，綠蔭公墓（Green-Wood Cemetery）——占地幾英畝的安息之地，就位於對街——雷納德・伯恩斯坦（Leonard Bernstein）及尚・米榭・巴斯奇亞（Jean-Michel Basquiat）[27]都長眠於此。我們再度提起公墓會讓其他人如何不寒而慄，也再次自我承認，這件事竟詭異地令人感到寬慰。

開車回家時，史黛西發現街區盡頭有一個變電站。「那樣安全嗎？」

「當然，」我反射性回答，然後察覺胃裡一團糾結。

當天晚上，我們上網 Google。英國政府網站說：「研究顯示，居住在高壓電纜附近或底下，有可能提高罹患兒童白血病（childhood leukemia）的風險。」

讀了這篇文章，我覺得有些無助，就像突然相信存在著化學凝結尾（chemtrails）[28]的人那樣。是真的嗎？或許。可能有一定的道理。如果根本是不實謠言呢？儘管如此，那樣的隱射已經在我們的腦中萌芽——是真的嗎？——這句疑問將時時刻刻纏住我們不放。

突然之間，那間公寓顯得太小、太不切實際、離地鐵站太遠。我們撤銷買賣，我胃裡的結打開了，史黛西也重新開始睡覺。儘管還在震驚之中，我們已明白找房買房是一件棘手的事情。

✦

找房的過程沒完沒了，一直到原來的公寓在十月售出、必須搬出去以後，新家都還沒有著落。買下我們家的那對夫妻似乎很討人厭，史黛西和我不禁一陣心痛：這些人將睡在葛瑞塔的老房間，她此生唯一認識的房間。但是少了她的搖籃、玩具或啪嗒啪嗒的腳步聲，那不過是個房間罷了。

27 編按：雷納德．伯恩斯坦，猶太裔美國作曲家；尚．米榭．巴斯奇亞，美國藝術家。
28 編按：凝結尾跡，俗稱飛機雲。陰謀學派認為，高空飛行的航班會進行人為噴灑含有生化武器的成分。

搬家工人來了，幫我們把沙發、桌子和五斗櫃搬進迷你倉儲。我們打包了一個月分的換洗衣物和盥洗用具，把剩餘家當分送到布魯克林各地——葛瑞塔的汽車安全座椅和我們所有照片放進一對夫妻的地下室，樂器則送到另一家。我們的汽車後備箱中，葛瑞塔的骨灰還存放在葬儀社當初交給我們的紅色夾鏈袋裡，擱在裝了乾貨——燕麥片、茶包、吃了一半的巧克力棒——的收納箱上頭。

半小時後，我站在舊家大樓外，我已經不住在那裡。這是葛瑞塔的家，門前的露台是我看著她跟鄰居玩耍的地方。看著她和其他小朋友奔跑、尖叫，想像他們一起長大、偷溜出家門到地下室碰面、在彼此家裡過夜。如今，她和我都已不屬於這裡。

✦

拋棄房子之後，我們也背離了親人。這是出於本能的決定，動物性多於自覺。我們分辨不出自己的動機。或許，就有如受傷的狗會把自己蜷縮成一團？像蟑螂一般逃避審視的目光？我們不知道，更重要的是，我們不在乎。對我們而言，這不在乎是一種新鮮感受，我們樂在其中。

背離親人不像搬家那樣名實相符——我定期打電話給母親，木然彙報我們越來越微弱的存在。不過，我的耳朵聽不見她嘹亮聲音發出來的任何字句，當我掛掉電話，我的父母彷彿不再存在。

另一方面，史黛西和蘇珊之間是一道沒有癒合的傷口。我盡量避免跟史黛西提起蘇珊，只有偶爾偷偷傳簡訊給她。「我們躺在輪胎內胎上，順著悠悠的悲傷之河漂流而下。」蘇珊告訴我，「我們踏上同一條旅程，但我們都無力左右它。」

全家人只再見過彼此一面，不多不少。我的數百位工作夥伴和同事籌了一筆錢，準備在展望公園（Prospect Park）種一棵樹紀念葛瑞塔。十月十五日植樹當天，我的父母回到布魯克林，蘇珊也到場共襄盛舉。

那年秋天陰鬱得出奇，植樹當天，冷氣團正逐漸靠近，水鴨池塘吹來刺骨寒風。我的父母面色蒼白，我從未見過他們如此疲憊憔悴；蘇珊除了喃喃寒暄幾句，全程幾乎不發一語。她似乎還困在某個煉獄，整個人失魂落魄。我突然察覺，沒有任何一個人準備好再度團聚。

快速瀏覽公園提供的小冊子後，史黛西和我選定了黑橡膠樹。我們讀到資料，當季節來臨，這種樹會冒出火紅色的淚滴型葉片，結滿又小又酸的漿果吸引鳥兒來吃。我們喜歡這個畫面。

樹苗光禿禿的，看起來弱不禁風。公園志工俐落地行動，把樹苗的矮胖底座抬進洞裡。我們拿出一張小小的護貝照片掛到簡陋護欄上後，向後退開，玩味整個成果。植樹的人帶著敬意默默離開，留下我們。

我在一張長凳坐下來，挨著蘇珊，她正在哭。她一直哭到眼淚流盡，才愣愣地望著池塘，眼神空洞。母親用手抓住我的肩膀，我感覺到她的憤怒，她的無助。

就在此時，一條被主人牽著的米格魯圍著樹基打轉，抬起了腿。我們對狗主人瘋狂吶喊，他正在看照片和護欄，這時才緩緩如夢初醒，趕緊拔腿離開，驚恐萬狀。我們後來笑著談起這件事，一股微弱的暖流終於襲上心頭。葛瑞塔肯定也會覺得滑稽。

✦

搬出去以後，我們在布魯克林展開了一段奇特的漫遊，跟內心生活的漫無方向相映成趣。我們到處借宿，睡在朋友的沙發上或空房間裡。情況怪得就像重回大學時代：我們永遠在放假，就像那種把自己陷入困境、弄得一身狼狽的大人，失去曾經擁有的一切——廚房、乾淨床單、子女。

我們竭力扮演好自己的角色：幫忙帶小孩、洗碗，陪同吃晚飯。我們經常到葛瑞塔的朋友家作客，當大人們喝酒聊天，我會蹲下來跟小朋友玩。陪他們玩玩具、唸書給他們聽、玩搞怪自拍，而我也不會在夜裡哭泣了。儘管我沒辦法不注意他們的肢體與情緒變化——葛瑞塔永遠不會有的變化。他們的童音消失了，頭髮也變長了。

葛瑞塔的頭髮一直不太多，我們寵愛地暱稱她「我們家的小禿頭」。「哎呀，史黛西和傑克老是長不出頭髮，」當葛瑞塔在蘇珊的客廳跑來跑去，蘇珊會笑著說：「小黛，妳快滿三歲以前，根本沒長什麼頭髮。」

我的母親證實我也是如此。「你兩歲半的時候，終於長出長長的金色卷髮。」她回憶，「噢，我好愛那些卷髮，真漂亮。」

葛瑞塔最長的頭髮，長度僅到耳上。它們是半透明的，如蜘蛛網般，在陽光下，恍若窗前漂浮的塵埃。有一次，她用玩具廚房上的小鏡子凝視自己，用手抓住一綹細髮，輕輕撫摸，然後驚呼：「我的頭髮好長喔！」我們接連幾天拿這件事情說笑。

史黛西和我從前曾打趣地說，我們根本想像不出葛瑞塔長大會是什麼模樣。「我只能想像她光禿禿的嬰兒頭接到一個稍微長高的身體上，」我會這麼說。如今想想，這句話有多麼不祥。

一天，我們跟從前的鄰居艾美以及她的兒子雅各——葛瑞塔的另一個朋友，到布魯克林大橋公園（Brooklyn Bridge Park）野餐。艾美和丈夫索爾讓我們借住他們家的三樓臥房，我們盡量不打擾他們的生活。

我一整個下午陪著雅各，扮演父親的角色。他笑著跑在我前面，我追他、呵他癢、逗著他玩。從他的雙眼和高度注意力，我可以感覺他以小男孩的不吝付出愛著我。他的喋喋不休是源源不絕的需要與好奇，他也不斷要求我坐在他身旁。當他顫顫巍巍走在隆起的人行道沿，我牽著他的手；我把他高高舉起，玩鬧地在茂盛的野草間放下他。我追他，也讓他追我，繞著空蕩蕩的腳踏車架打轉。

玩耍的時候，我的父愛開關被打開了。我蹲在他面前，輕聲說話，指引他注意細微的地方。看看從人行道裂縫中冒出來的小野花。你的媽咪在哪裡？她在那裡，坐在食物旁邊。我們是不是應該走過去，和她坐在一起？是啊，我也這麼想。

雅各的微笑照亮了我心底某個破碎的殿堂，自從遭遇傷痛以來，那裡就沒見過或感受過多少光亮。小孩子不是對你笑，他們會笑進你的心裡。我感覺得到，我對葛瑞塔的愛在尋找移情的對象。我需要對一個小傢伙付出關心與愛，這樣的需要一旦出現，就跟需要走路一樣發自心底。

現在，我可以愛哪一個孩子？

史黛西和艾美坐在一塊樹蔭下，我和雅各加入她們，雅各坐在他母親和我中間。我注視著他，心想我們有多大機會孕育像他這樣的生命。我納悶我的葛瑞塔是否看著我們——她曾經在寒冬的遊樂場上親吻雅各，他們的臉頰被風颳得紅通通的，雅各笑得彷彿中了樂透的男人般。

開車回家的路上，我坐在雅各的安全座椅旁，負責讓他保持忙碌與警醒，以免他還沒到家就開始午睡。他暈陶陶地，快要筋疲力盡、崩潰哭鬧，而他的笑聲流露出危險的音調。我們在索爾和艾美家門外停下，雅各突然問我，「傑森，你們家有小寶寶嗎？」

我感覺艾美在前座全身一僵，沒有人說話。在他幼小的心裡，葛瑞塔已消失在幽暗的深處。我不清楚雅各是否記得她曾經存在。

「沒有，雅各，」我設法開口，「我們沒有小寶寶。」

雅各追問：「可是，你們家為什麼沒有小寶寶？」

「雅各，小傢伙，我不知道。」我說，聲音稍微哽咽。「我們就是沒有。」我無法給他其它解釋，因為這是最真實的答案。我們就是沒有。

我幫他解開汽車座椅，把他抱到家門口。他已經全身軟綿綿，沒有一絲力氣。我閉上眼睛，聞他的髮香。他的小腦袋瓜抵在我的肩上，我心底某一部分閃現生命力，即便僅僅短暫瞬間。

✦

我們離開了索爾和艾美的家。他們爭著說我們可以一直住下去，但是在別人家的日常生活中添麻煩，只會徒然加深漂泊感。於是我們入住 Airbnb 的一間三百平方英呎[29]小套房，我們的房東——名叫阿薩夫的單身漢——留給我們一瓶美金十二塊錢的梅洛（Merlot）紅酒作為迎賓禮。一走進房間，到處可見一層厚厚的灰塵。我們放下旅行袋開始幹活：史黛西刷馬桶，我拿一捲紙巾擦拭每一個表面，每張紙巾最後都變得一團黑。

就是在如此煞風景的環境裡，決定再度開始嘗試。入夏以來，我們已有幾次房事沒有採取預防措施，但是置身「阿薩夫王國」（這是我們根據 Wi-Fi 名稱給這個地方取的古怪綽號）一星期後，我們買了好幾盒排卵測試棒。過了幾夜，測試棒的螢幕終於對我們微笑，我們照指示行動。行動本身的親密感帶給人快慰，但是沒有——還沒有——出現希望。我們在執行打造希望的行動，澆灌受到日照的土壤。

史黛西躺在床上，雙腿高舉靠牆。我躺在她的身旁，也鬧著一同把腿靠在牆上。我們的臉只相距幾英吋：她的臉頰稍稍泛紅，一綹髮絲垂在中央微微突起的細長鷹勾鼻上。她的雙眼落入完事之後的深沉平靜。「我們再次做這件事情是不是瘋了？」史黛西納悶著搜尋我的眼神。

後來，正如懷葛瑞塔的時候，她的眼睛透出某種神祕微光，彷彿躲進一道深邃幽靜的長廊——一個無言的地方，任憑她最深的情感在此翻湧。這些時候，我可以想像她的兒時模樣：瘦小、膽怯，但基於同樣強大的情緒智商而從內在煥發光芒。這樣的練達讓她能夠洞察別人的行事動機，甚至超越人們對自己的了解。我想像她帶著這樣的直覺力長大，會是多麼孤單與迷惑。葛瑞塔遺傳了我那月亮般的圓臉，像我一樣笑起來嘴巴左下角傻裡傻氣地微微勾起——但她有史黛西的眼睛，湛藍澄淨，深不可測。

我轉頭打量四周，「最起碼，我們的住宿條件好多了。」我打趣說：「還記得我們剛開始約會那時候嗎？妳第一次來我公寓時，那張單人床？」

「噢，我的天哪，你的毛巾好臭。」史黛西哈哈大笑，「我還記得你的浴室有多噁心，天啊。」

「我們好像回到從前一樣，」我輕輕說。我低頭俯視她那布滿雀斑的蒼白右肩，看看她的新刺青：一隻精巧的麻雀，張大了嘴，彷彿在歌唱。

那次意外之後，我們說好去刺青來紀念她，不像史黛西說做就做，我卻曖昧不明地拿不定主意。一隻麻雀，她這麼決定了。

一整個夏天，她埋首鑽研每一位藝術家的作品集，一研究就是好幾個鐘頭，最後選定住在下東城（Lower East Side）的女士——塞拉。她的作品以黑白為主，充滿象徵符號：眉心

29 譯按：約八．四坪。

脈輪（third-eye chakras）、半月、胡狼的頭，也做精緻的鳥。到了約好紋身那天，曾經成功退貨買了兩個月的沙發、下垂了八分之一英吋的床墊、鞋帶很「搞怪」的鞋子的史黛西，起了個大早，微笑著對我說：「幾個鐘頭後見。」然後神色從容地出門，準備對身體做出永久的改變。

我幾小時後去找她，刺青已快完成，塞拉還在最後精雕細琢。我握住史黛西的手，在塞拉扎針的時候望著她的臉龐，「與其說痛，倒不如說是一種很惱人的感覺，」她如實以告。那裡只有我們三個人，屋裡沒開燈，近午的陽光灑滿前廳。輕柔的音樂飄盪著——「希望小姐」荷蒲．桑多瓦爾（Hope Sandoval）[30]的聲音，深沉、幽微而恬淡。塞拉也兼做塑身生意。上色的時候，她拿了幾顆療癒水晶讓史黛拉握在手上。「送給妳了，」她最後說。

復原過程從隔天開始，遲來的驚慌也隨之出現。「本來就會這樣到處結痂，對吧？」史黛西一早問我，遲疑地戳戳刺青。紋上白色墨汁、精細如針孔的鳥眼，此刻腫成一顆來勢洶洶的痣，雙翼也崎嶇不平。「牠現在不像麻雀，倒像烏鴉。」

她遵照在手機上找到的刺青照護指南，用水沖洗，拿紙巾盡可能輕柔地擦乾。紙巾黏住了，她小心翼翼剝下後，陷入驚慌。「黏住了！」她把紙巾拿到我面前，眼珠子都快掉下來了。「你看，」她驚呼，「整個刺青都在上面！」

我看看紙巾，模糊的小鳥痕跡印在紙巾的格紋上，有如淺浮雕。「史黛西，刺青如果那麼容易毀掉，所有人的刺青都毀了。」那是我當天下午大概第十次這麼說。事情終究會過去的，我告訴自己。

接下來好幾天，史黛西中邪似地為這隻小鳥和牠浮腫的眼睛煩躁不安。「他媽的，」她說：「我就不該拿紙巾擦，還不如直接晾乾就好。」

日子一天天過去，史黛西發給塞拉一封又一封電子郵件道歉認錯。隨著她持續狂躁不安，朋友們寵愛地朝我翻白眼以示聲援——史黛西和她的走火入魔。不過，我知道，麻雀的眼睛是個入口。你壓根無從回答圍著我們打轉的一大堆問題——向葛瑞塔致意是什麼意思？我們如何讓她的精神長存？——然而，你可以透過刺青上的麻雀眼睛穿針引線。那是你可以找碴的問題，不論是照字面或喻義上理解。

她的皮膚慢慢穩定下來，本人也一樣。十天後，小鳥變得益發細緻，看起來沒那麼凶暴了，精緻的白色瞳孔也從黑瘤般的眼睛腫塊中浮現。大約兩星期後，有一天晚餐，史黛西驕傲地挽起衣袖。「我做什麼都會後悔，唯獨不後悔這件事，」她打趣說。

麻雀有多重意義。「牠們是城市裡的小鳥，」史黛西告訴我，「牠們遷就環境，湊合著

30 編按：美國創作歌手。

度日，跟我們一樣。」除了鴿子，麻雀是葛瑞塔唯一見過的小鳥。「看那些鳥鳥，」在通往幼兒園裂痕斑斑的人行道上，葛瑞塔會指著地面上蹦蹦跳跳、鼓動翅膀飛上行道樹樹苗的麻雀們，對我喊叫著。

麻雀也出現在我們買來讀給葛瑞塔聽的最後一本書，書名叫《獅子與小鳥》（*The Lion and the Bird*）。書中，一頭溫柔的獅子農夫拾起掉在田地上的受傷小鳥。牠修補小鳥的翅膀，帶牠回家避冬。好幾張圖片顯示小鳥依偎著獅子的鬃毛，兩人一起勇敢面對嚴寒，享受劈里啪啦的爐火；一起睡覺，鳥兒窩在獅子的便鞋裡，緊靠著牠的床。這是一本關於必然的書：小鳥的翅膀痊癒了，冰雪融化後，鳥兒展翅飛向遠方。「是的，我懂。」獅子對小鳥說，那是通篇唯一的對白。接下來是橫跨兩頁的一片空白，僅留獅子凝望天空，這畫面總讓我熱淚盈眶。

後面幾頁畫著垂頭喪氣的獅子照常過自己的日子。同樣的田地，同樣的爐火，同樣的床——獨缺小鳥。「生活有時就是這樣，」書中給出忠告。風吹得更凜冽了，獅子猛然發現自己仰望天空：「怎麼樣了呢？」他尋思著。接著是幾頁磨人的拖延，一次搶先偷跑，落葉飄搖。然後鳥兒俯衝而下，停在樹枝上，凝視著獅子。牠們將陪伴彼此度過另一個寒冬。

葛瑞塔死後，這本書突然變得讓人無法忍受。我們過著那頭獅子的生活，小鳥卻永遠不可能復返。一天又一天，我們起床、做早餐、沖澡、更衣、走進世界，卻沒有我們的麻雀陪伴著。

在阿薩夫王國的床上，我伸出手溫柔撫摸鳥嘴的線條。這隻小鳥雖然脆弱卻充滿光明，彷彿我可以把牠的溫度捧在掌心。牠的一隻腳爪露出來，棲息在一輪新月上。張開的鳥嘴朝向史黛西的右耳。「她在對你唱歌嗎？」我問史黛西。眼淚湧入她杏仁般的眼角，顆顆滴落床單上。

「是啊，她偶爾這樣，」她呢喃著。

✦

終於，我們走進一間開放參觀的待售房屋，立刻心知肚明：就是這裡了。那是一間靠近水岸的兩層樓紅磚公寓，我們對它一見鍾情。我們掠過其他神色緊張的參觀者，努力克制因為占有欲而在心底湧出的本能驚慌——這間房子是我們的！我們比任何人更有資格擁有它！一名三十多歲的女人帶著母親來看房，獨自站在第二間臥室，我們從她身邊擠過去。雙層床。仲介告訴我們，屋主在這間布魯克林的二樓公寓把兩個孩子——一男一女——拉拔到初中。史黛西和我意味深長地凝視彼此，我們還在等待最近一次排卵測試實驗的結果出爐。

看完房子開車離開，嘰嘰喳喳聊著說不完的話。「我真的可以想像我們在這裡起碼住上十年，」史黛西不停說：「學區很好，而且到處都是花園！那裡的生活感覺確實比較愜意，你不覺得嗎？」

我也這麼覺得。可是除了點頭，我沒什麼事情可做。一如既往，史黛西一往無前的精神不斷推著我們走進未來，即便在我意興闌珊或舉棋不定的時候。我在她開車時偷瞄她的眼睛，她的眼神熾烈而清亮。我們得把一個房間分租出去，她分析著。如果賣家接受我們的出價，或許可以設法在十二月中完成過戶？我費勁地跟上她的思緒。當車子轉上布魯克林—皇后區快速道路（Brooklyn-Queens Expressway），她口述一封給仲介的電子郵件，我盡責地輸進她的手機，偶爾舉起一隻手央求：說慢點，說慢點。

我們隔天出價投標，那天夜裡，我們再度在阿薩夫扎人的IKEA棉被上做愛。我們的興奮之情既提神醒腦又讓人心懷敬畏，就像呼吸冰凍的空氣。我的神經繃斷了，但體內還是流淌著樂觀。我終於明白，樂觀是內建的。如果你天生樂觀，只需要找到方法保持下去。就算願意，我們也沒辦法始終無動於衷，那實在有違天性。我不期然對悲觀的人萌生一陣同情：你們同樣身不由己。

時序進入十二月。我們的出價被接受了，但過戶日期再度推遲。此刻，我們坐在這段漫長且累人的無家可歸時期最後一間 Airbnb 裡。我們已經靠同一袋行李生活兩個月了。這間公寓沒有 Wi-Fi，你可以到街角雜貨店買 AT&T 上網卡，隨時加值。廚房裡有一把刀，但拿它來雕刻南瓜很不順手。無論如何，我們幾乎每天煮飯，因為接連吃外賣和上館子，已經快把我們逼瘋了。

今晚，我們拿缺角的小塑膠碗吃乾掉的豆子和夾生的米飯，用馬克杯盛劣酒喝。我灰心、沮喪，決定出門買巧克力當甜點，最後落得在街上瞎晃。天氣冷得嚇人，所有商店都關門了，我一時忍不住抓狂。買不到巧克力不知怎地把我壓垮了，陷入沒頂的悲涼。史黛西對我發出連環簡訊：「你快到家了嗎？回來吧。」我回了一串語助詞給她。她傳簡訊說：「我有個消息可以讓你開心一點。」

在愁雲慘霧中，我很確定自己知道她要說的是什麼。她準備給我看她打算裝修的內嵌式書架的最新草圖。這幾天，我看過各式各樣的修訂版草圖，已經用光了所有聽起來有任何建設性的聲響。

當我走進房門，慍怒而鬱卒，史黛西溫柔地叫我閉上雙眼。我瞪著她。「好吧，」我說。我閉上眼睛，不耐煩地等著，聽見她朝我走過來的腳步讓地板嘎吱作響。

「睜開眼睛，」她輕聲說。

我睜開雙眼。
我看著一支有迷你螢幕的白色塑膠棒。
上頭顯示——懷孕。

SECTION FIVE

懷孕

Pregnancy

葛瑞塔遭遇不測以來，史黛西的母親蘇珊越來越深居簡出，經常十天半個月不回簡訊。等她終於捎來音信，我們會發現她從未踏出家門，而且成天待在床上。她似乎一下子老了三十歲：因服用創傷後壓力症候群（ＰＴＳＤ）的精神藥物而雙手顫抖，而且無法專心做事超過一個鐘頭，這表示她流失了大量工作。

耶誕節過後，她走出自我放逐來看我們。基於某種默契，我們全都略過耶誕節，除了植樹那天，幾個月來，這是我們所有人第一次共聚一堂。史黛西和我終於搬進新家，花幾星期整理就緒後——客廳的內嵌式書架裝好了、地毯鋪了、地板和每一個平面都刷得乾乾淨淨——是時候邀請家人來訪。

況且，我們還得順帶公布一個消息。

氣氛很歡樂，但似乎轉瞬即逝、不堪一擊：有時候，家人團聚就像置身於某個爆炸現場，大家相處起來都有點小心翼翼。我打開另一瓶香檳時，史黛西和我在流理台邊無聲交流：現在嗎？不，還不到時候。

傑克和史黛西不帶惡意地取笑蘇珊獨樹一幟的養兒育女技巧。「還記得高中那時候，我去艾曼達家過夜，瞞著妳喝得醉醺醺那次？妳打電話到他們家，留下全世界最瘋狂的留言。」史黛西上演一段模仿秀：「必須！有人！他媽的！管管妳們！」蘇珊笑彎了腰。

「我以前會帶朋友回家，只為了證明妳允許我們在妳面前罵髒話。」傑克站在冰箱前面說，同時打開他的第三罐啤酒。「沒有人相信我，所以我帶他們回家，沒頭沒腦地鬼吼，『我操！他奶奶的狗屎，媽！』」

蘇珊招架不住了，用手抹去眼角的淚水。「科學研究為我的作法背書，」她嚷嚷著，「研究清楚顯示，成長期間被允許說髒話的小孩，長大後比較聰明。」

「看見了嗎，媽？」史黛西提醒，「如果妳住在布魯克林，就可以一直像現在這樣。」

「我愛我家那棟大樓，」蘇珊回答。她的笑容稍微變僵，屋裡的氣氛也為之凝結。

沒有人能充分理解蘇珊為什麼堅持留在上西城，堅持住在離她外孫女遇害的長凳不遠處。但是，她像在驚濤駭浪中抓住救生圈那般，死命抓住她的公寓不放，儘管受到不斷回放的記憶折磨，卻似乎無法設想再度顛覆自己的生活。在家裡，她覺得相當安全：庭院有紀念葛瑞塔的一塊牌匾和一棵樹，大樓管理員每天都會來探視她。可是一踏到外面，整個世界朝她湧動，讓她手足無措。一天，一輛車子的引擎回火，她在人行道上崩潰，歇斯底里。

萊絲莉試著轉換氣氛。「有人還要香檳嗎？史黛西？」史黛西還來不及拒絕，她就傾身往史黛西的杯裡倒酒。我不露痕跡地插手攔截酒杯，但每個人都注意到了，我逮到蘇珊和傑克交換心照不宣的眼神。所以，等到我關掉音樂，史黛西和我坐在正對沙發的椅子上，面對所有人說：「呃，我們有個消息要報告」時，恐怕已經沒有驚喜可言。

蘇珊的反應是既高興又驚恐：「噢，天啊，我真替你們興奮開心，」她情感洶湧地說。

然後，她用飽含淚水的聲音添了一句，「我大概應該搬到蘇格蘭去。」

大家都笑了：胡說什麼呀⁉不過在這種情況下，似乎沒有什麼事情不合常理。觸手可及的希望、新生命帶來的緊迫威脅與前景，的確會引發瘋狂。我們腳下的地面再度晃動，而我們的舉措就像受驚的動物察覺風暴即將來襲。我們擁抱彼此，又哭又笑，然後所有人驟然離去。我們又得再次獨處。

✦

我在瑜伽教室外等著和史黛西會合，看見她從一個街口外走過來。她在懷孕的初期階段，肚子還沒挺出來，但渾身散發某種神祕的費洛蒙訊號，所以格外敏銳的少數幾個人開始用不同的眼光打量她。他們從旁邊走過時，你幾乎可以看見他們頭頂上冒著獨白話框：她有沒有……？他們是不是……？

隨著她越走越近，她的臉孔逐漸變得清晰。她慌亂而沮喪，急匆匆走著，雙手握拳垂在身體兩側。「我剛剛跟我媽鬧得很不愉快，」她告訴我，「她說她永遠不打算搬家。我脾氣一上來，不得不掛掉電話。」

自從我們宣布懷孕，蘇珊和史黛西就吵個不停。吵架緣由時有不同，但背後的緊張關係基本沒變：蘇珊覺得自己永遠被誤解了，史黛西卻覺得她理解得再透徹不過。這是她們這輩子各種爭執的再現，但葛瑞塔離去後，兩人鬧得更加不可開交。葛瑞塔是銜接史黛西和蘇珊的一座脆弱橋梁，如今她們各自站在鴻溝兩岸，聽不見彼此的聲音。

「噢，真糟糕。你有沒有問她為什麼？她怎麼說？」

「她說她的全部回憶都在那裡，」史黛西怨恨地強調「回憶」這兩個字。「完全不顧念全家人都住在布魯克林，也不顧念我們永遠不會走進上西城。她明明知道的。」史黛西停下來，顫抖著深吸一口氣。「我只是……希望她沒做這樣的決定。」

只要一提到史黛西的家人我就詞窮。「但願她改變心意」是我唯一想得到的回答。我們走進教室，準備上課。

史黛西懷第二胎到了第十二週，我們仍然每星期練習三到四次瑜伽。從旁觀者的角度，這樣的強迫性行動或許酷似紀律，但投入底下其實藏著一股絕望，我只要停下來想想就不免揪心。我們時時刻刻擔心自己回到生育葛瑞塔之前那種無兒無女的日子，整個週末無所事事浪擲光陰——那樣做就辜負了她，讓她被徹底遺忘。所以我們瘋狂地謹守瑜伽排程。

我們被艾揚格（Iyengar）[31]瑜伽的嚴謹深深吸引，而且這個流派特別講究「正位」（alignment），幾近吹毛求疵。你在其他課程做的簡單姿勢，到這裡成了量子物理學問題，站立不再是單一行動，而是成打的動作——腳跟分開站好，大腿和膝蓋向上拉提。我很感激這些複雜指令，一部分是因為它們把我的存在重量分散成一片片，當我把注意力和能量全都導向左腳拇趾的趾骨，生活變得比較容易對付。

同學們陸陸續續走進教室，在我們就定位時無聲地揮手打招呼。「允許你的眼睛放軟、失焦，讓光線穿入，但不停駐。」我們的老師咪咪說：「允許你的上眼瞼遮蓋眼球，直到眼皮合攏。」

我試著領悟這個古怪的指令，從闔眼動作參透新奇的事物。我可以感覺史黛西在我身旁漸漸放鬆，呼吸開始變得沉穩。我閉上雙眼，當眼皮終於合攏，我找到了葛瑞塔，就像手指指腹觸摸到舊傷疤的表面。我微笑致意。嗨，小寶貝，我悄然低語。

我把雙臂高舉過頭，感覺五臟六腑向上提升，釋放出一股記憶和感受，像碗盤乒乒乓乓滾落一地。我往前腳傾身，雙臂向天乞求。葛瑞塔兩週大的時候，有一次喝完奶被抱來給我。她的手指輕彈，頭歪一邊，眼睛閉著，彷彿在指揮水中交響樂。「她醉奶了，」史黛西溫柔地說。我得到的獎賞是滾滾而下的淚水，溫暖、無聲，猶如汗水。咪咪、史黛西和其餘同學視若無睹，這一部分也是我們的慣例。

---

31 編按：當代瑜伽大師。艾氏瑜伽教學風格嚴謹，要求身體對稱、平衡、貫通能量，使身心朝正確健康的方向發展。

我們彎腰抱住僵硬的腿。

「看著你的膝蓋，」咪咪下令，「可以看見它們往上提嗎？拉提它們，然後不要拉提。看出差別了嗎？」

咪咪執迷於膝蓋，總是鼓勵我們提膝，加以觀察。我順從地凝視雙膝，當指尖劃過腳趾，葛瑞塔穿著她的一件式紫色泳裝出現在我面前。她的腿往前伸，像兩根粗壯的大香腸，滿臉通紅，汗溼的頭髮亂蓬蓬的。「我再也不想到外面去了，」我聽到她這麼說。她剛剛學會「再也」這個詞彙，此刻派上用場。不知怎地，她似乎知道怎樣把它用得恰到好處。

我挺直身體，併攏雙腳，深呼吸一口氣。我還記得她探索我的臉部輪廓，小手撫過我臉龐的感覺。山式（Tadasana）站姿，我接受指令，想像骨盆是個盛滿水的缽，不能把水灑出來。我還記得葛瑞塔的腿勾住我的髖部，記得她黏糊糊的手指伸向我的頭髮幫我「整理整理」時，臉上專注的表情。

絕大多數日子，這些記憶含糊地一閃而過，而我無法看清這些記憶的事實，恍然近似於遺忘。我可以感覺心靈的運作：我在刪減她的戲分，把好幾個月的日常生活濃縮成幾個替代性時刻。我把一顆紫色氣球綁在葛瑞塔衣服上的那個午後，她一會兒抓、一會兒放，望著氣球漂浮在她面前幾吋的地方，時而開心、時而受挫地玩瘋了——這個時刻已成為標題「葛瑞塔，十二到十四個月」心靈檔案夾的封面照片。我的心靈從未打開這份檔案，因為擔心裡頭空無一物。

關於這個時刻，我拍了一段十六秒鐘的影片。事情發生在丹尼和伊麗莎白的女兒克萊拉四歲生日後。

派對本身的照片拍得七零八落，怪的是，這表示我的心靈得加把勁填空，填補遺漏的氣味和聲音。至於那顆氣球，我只記得每次想捕捉完美鏡頭，它都會稍稍溜出畫面。如今她走了，我明白這份感受的意味：那是我的大腦在卸下任務的聲音。**我們可以放走這一刻**。照片拍得越多，你也允許自己遺忘得越多。

無數次翻閱她的照片和影片，我的心如此飢渴，相較之下，我對它們的反應顯得蒼白失色：我的反應似乎被榨乾了。內心不斷被這個念頭糾纏：說不定什麼地方藏著更多的她，有待從數位虛空中拯救出來。或許，只要我繼續尋找，就能再次見到她紅通通的臉頰和眼底的細紋。

我躺著，雙腿高舉靠牆。燈光黯淡，咪咪把沙袋放到我的腳底板上。史黛西躺在我旁邊，從她忽明忽滅的神色，看得出來她又害喜了。課程即將結束，我們得趕緊找東西給她吃，想辦法減輕她的噁心感。

這次懷孕，史黛西害喜的情況比上一次厲害兩倍有餘。下班回到家，經常看見她平躺著，一隻手貼在額上。她有嘔吐恐懼症，總會一邊呻吟，一邊壓抑苦澀的膽汁。某方面而言，噁心感有助分散注意力：眼前的悲慘剝奪了我們思考未來或思索意義的能力，讓事情變得簡單清晰。

我們以最快速度離開瑜伽教室，史黛西笨手笨腳翻出用夾鏈袋裝的應急杏仁，迅速地連吃十二顆對抗孕吐感。我們到附近咖啡館面對面坐下，喝著滾燙的咖啡。我的身體疲憊，心靈卻沉靜清澈，這也是瑜伽帶來的短暫平靜，稍縱即逝。有幾分鐘時間，我的心停止試圖解決葛瑞塔不在身邊的問題。

一陣嗡鳴，史黛西掏出手機，皺起了眉頭。「又是我媽，」她一邊說一邊用力打字回覆。她翻翻白眼喃喃吐出：「他媽的，」然後把手機面朝下摔到桌上。

「她說什麼？」

「噢，沒什麼新鮮的。不是道歉，而是解釋。」

「我是不是應該……？」

「我不知道，」史黛西突然失控，淚水湧進了眼眶。我們坐著。

「我知道我應該更懂得體諒，但她的無助讓我好生氣，」她停了半晌後說：「反正每次我想幫她都被她一口回絕。她拒絕我的每一個提議。」

史黛西傷心的時候，會把全身上下往裡縮——肩膀隆起、打結，雙唇緊閉，眼神飄向遠方，彷彿關上了殼。

望著她，我不禁聯想起把自己縮進外殼以求保護的生物，那是他們在最無助的時候面對強敵的姿態。

蘇珊沒好氣地傳簡訊給我，「我很抱歉，但我恐怕很長一段時間沒辦法跟史黛西講話。她曲解我的每一句話，指控我凡事只想到自己，十次有九次會掛掉我的電話說『我沒辦法跟妳溝通這件事情』。我受不了了，我不能繼續當她的出氣筒。」

「我們都是受了傷的人，」我提醒她，「我們受了傷，也傷害彼此。我愛妳。」

那天夜裡，史黛西在我懷裡哭得很傷心。我摟著她，注視天花板，心裡想著，在父母與子女的爭執當中，不論雙方如何各執一詞、各有立場，總有一件事情兩邊都說得沒錯：你不知道我是什麼感覺。

✦

我們去照第一張超音波。選擇了一家新的診所，和葛瑞塔的出生地相隔整座城市。那裡沒有人認識我們——頭也不抬地要求我們簽到的女人不認識我們，在CNN新聞轟隆作響的候診室召喚我們的技術員也不認識我們。

「好了，如果媽媽能爬到檯上，拉高上衣，我們就可以開始了，」她說。望著一切在我眼前重新上演：從管子啪噠擠出來的凝膠，又大又笨拙的都卜勒機器[32]。當橡膠探頭輕觸史黛西，我的目光落到黑漆漆的螢幕上。

探頭盲目搜尋時，出現了一、兩次混淆視聽的隆隆聲。「稍等一下，」技術員喃喃地說，更像在自言自語。她手腕精巧地轉圈，眼睛死盯著螢幕。房間裡迴盪著震動的聲音，螢幕白茫茫一片。我們屏氣凝神，等待混亂狀態自行消失。接著，情況豁然開朗，急切的撞擊聲充斥這個小房間。「出來了，」她說，聲音裡透著專業的滿足感。我已經忘了胎兒心跳的驚人速度，就像溺水的人衝破水面呼吸，哇嗚哇嗚哇嗚哇嗚哇嗚哇嗚。

聲音填滿了這個小房間，響亮而急切，跟螢幕上在水中撲動的那團組織完全不成比例。史黛西的右手緊緊抓住我的手，我的指尖因為被她用力捏著而變得冰涼。我望著那團脆弱的細胞忙著分裂，一股奇特的感覺貫穿血液。那感覺無以名狀：既有恐懼也含著喜悅。或許就像注入發炎患者體內的第一輪抗生素，或像催促受損系統重新上線的提示。

「恭喜了，二位，」技術員說：「看起來一切完美。」

我們坐進電梯，一時語塞。我抓著印有日期的一小張打印紙，我們沒有名字的第二個孩子漂浮其上。當電梯向下，我注視著這張紙，緊抓紙張邊緣，以免沾上指紋。在這個由DNA交織的半透明小雲團中心，一場風暴正在醞釀，每秒鐘發生上百萬次無聲的爆炸。風暴核心的生命正在形成，一次選擇一條分岔的基因路徑，決定自己的生命道路。就連電梯叮地一聲到達底層、打開電梯門面向大廳之時，以及我們愣愣地走到馬路上的時候，這個生命仍持續聚焦，變得越來越清晰。

翌日，在搭地鐵上班的路上，我開始嘗試跟未出世的孩子說話，向他或她許下小小的承諾。「嗨，小傢伙，」我鼓起勇氣。我的舌頭感覺很厚，彷彿剛從中風後復原。「我們昨天聽到你的心跳。力道非常強勁！你聽起來似乎是個意志堅定的小傢伙。你很快就會學到很多。光亮、黑暗——你首先得學學這個。你得學會在雙手沒被捆住的時候覺得安全，學會從媽咪的乳房喝奶。有好多事要記得。不過，你會做得很棒，我等不及看著你學習。」

「我也有很多事情得做，」我告訴這個孩子，「我得學會讓你覺得這個世界很安全。那是爹地的問題，不是你的。他會想辦法確定你明白，這世界是個安全美好的地方。」

✦

我的辦公室搬到了曼哈頓鬧區的世貿中心一號大樓。從新座位窗口，可以直接俯瞰原世

32 編按：都卜勒超音波，用較高強度的能量來偵測血流的移動變化或胎兒心跳等。

貿大樓遺址，那裡如今蓋了噴水池，刻著數千位罹難者的姓名。在島嶼逐漸狹窄的尾端處，高樓大廈櫛比鱗次，對我投來睥睨的一瞥。每個角落都因施工而烏煙瘴氣、人聲鼎沸；重物爆發砰砰作響的聲音，有如炮彈擊中了鋼筋水泥；手提式鑽掘機敲打底下的街道，翻起一塊塊路面。

如果我們真要把另一個孩子帶進這座城市，我告訴自己，**起碼可以教他不要活在恐懼之中**。正當我琢磨這個念頭，一個父親把孩子送上一輛黃色巴士，我驚愕地望著巴士絕塵而去，幾乎擦過停在路邊每一輛車的照後鏡。

我慢慢走著，轉進另一條小巷，感覺體內有什麼東西逐漸累積。眼前只有另一個人，一個沿街慢跑的人。我放慢速度，直到他跑出我的視線範圍。我冒險張開嘴巴，放聲尖叫——一個簡短、尖銳、醉醺醺的聲音。我感受到腦內啡往上竄的報償，聽見我的聲音在擁擠的建築物間迴盪，充滿痛苦，令人聞之色變。我聽著回聲漸漸消失，再次覺得強大。**你傷害不了我們**。

在此之後，我開始探勘紐約市裡可以安全尖叫的地方。這座城市有八百萬人口——我可以找到一個角落，像被捅了一刀似地哀嚎，而不被八百萬人當中任何一人聽到的機會有多高？成功率高得出乎我的意料。清晨的商場，商店拉開鐵門之前；布魯克林工業區深處的單行道，周圍除了停放的卡車和閒置倉庫以外空無一物：這些都是進行實驗的成熟空間，而我撼動這座城市、螺絲釘為之鬆脫，我聽見我的聲音在牆壁之間彈跳。

偶爾一、兩次，錯估了情勢。有一次在地鐵月台，我發出三聲尖銳的、猶如痙攣的吼叫，彷彿手剛被火車輾過。一名男子突然從角落書報攤衝出來，眼神狂亂：他看見我了，獨自一人。

我沒什麼可對他說的，只是揮揮手請他離開。

如今，我們的公開哀悼儀式已淡出視野，被迫找出這樣的私下抒解辦法。而且，正如所有從裂縫中冒出來的生命一樣，我們的私下哀悼儀式也很古怪：扭曲而費解。我想起格陵蘭鯊魚（Greenland shark）——最近因醜惡外表而登上新聞版面的四百歲生物。牠黏稠而腐臭的肉體具有毒性，不可觸碰，那是生命對深不見日的環境所進行的調適。我感覺類似的東西活在體內，雖然模糊難識，但肯定會調適得跟格陵蘭鯊魚一樣長命不死。

我開始隨身攜帶輕薄短小的禮品店禪書，像是佩瑪·丘卓（Pema Chödrön）的《當生命陷落時》（*When Things Fall Apart*）。我說「隨身攜帶」，是因為我根本沒打開來讀。真的，我只是坐地鐵時從袋子裡掏出它，拿在手裡，拇指輕撫書背。偶爾從中抄錄幾句格言，例如「人生的每個際遇不僅僅可運用、可實行，甚至就是道路本身」這樣的廢話。第一次閱讀時，這些句子因為別具意義而散發熱力，但隔天再度閱讀，它們卻變得沉悶、冰冷。

家母告訴我，她在為了紀念葛瑞塔而種的粉紅色繡球花周圍瘋狂地覆蓋土壤——她擔心它們不開花，所以不停跟它們說話。「你不介意的話，我需要你在這裡，」她會對著覆蓋土壤的木屑輕聲說：「來紀念你的生命和你美麗的心靈。」

自從葛瑞塔死後，史黛西的弟弟傑克就墜入沉淪的漩渦。他徹夜上酒吧，有時一直待到清晨六點。一個晚上手裡可以接過十杯、十二杯、十四杯伏特加蘇打，為更強勁、更黑暗的酒精鋪路。隔天沖澡時，接著喝啤酒。他結交新朋友，或介紹我們認識以前從未見過或聽過的老朋友。你可以察覺他們跟我們見面時的不安與矛盾，從握手時的溼冷掌心可以感覺出來：他們是夜生活的酒肉朋友，見不得陽光。傑克冷眼看著這一切：這似乎是他的版本的《遠離賭城》（*Leaving Las Vegas*）[33]，是他對亡父的致敬。

至於史黛西，我只能猜測她的哀傷有多深。和往常一樣，她喜歡當眾隱藏情緒、轉移人們的關注，靠精力無窮的社交能力進行掩護。她跟葛瑞塔的關係是一間密封的聖殿，我極力對抗想要一窺究竟的可恥欲望。

儘管她能夠頭頭是道地分析別人的情緒，卻對自己的情緒裝聾作啞。史黛西心煩或沮喪時，總會找一點話來說，然後越說越小聲，急躁地示意我填補空白。我是她的翻譯員，那是我們這樁交易的一部分。

對我而言比較容易，因為我擁有這一切的語言。它們就這樣脫口而出，得到所有人關注，為我的傷痛塑造形貌、賦予定義。史黛西沒有這些語言。她失去女兒的哀傷是一抹顏色、一片烏雲。

當我跟她分享尖叫的感覺有多麼痛快，她承認：「我偶爾在車裡尖叫，反正我開車本來就很暴躁，所以在車裡發洩大概不會引人起疑。」我眼前閃過她這麼做的畫面——因怒火中燒而面容扭曲，在展望快速道路（Prospect Expressway）上猛拍方向盤。這個畫面如此逼真，我不禁因為感同身受而微微顫抖。

之前，我只有一次見過史黛西陷入哀痛，那時她的父親突然離世，我們才新婚六個月。一開始，我們對內情一無所悉——只知道事發突然、原因未明。她與夏洛茨維爾（Charlottesville）[34]一陣慌亂的電話往返，她的叔叔打來一通措辭閃爍的電話，拒絕透露任何詳情。然後，細節以恐怖的慢動作一一浮現。

33 編按：故事主角在妻子離開後開始酗酒，因而失去工作，疏遠昔日好友。在萬念俱灰下，他前往拉斯維加斯，遇到另一個寂寞的靈魂而展開的故事。

34 編按：位於維吉尼亞州的一座城市。

「有一把槍，」過了幾個鐘頭，真相慢慢被撬開來後，史黛西把電話放在腿上，言簡意賅地對我說。他坐在床上開槍，幾小時後，一個朋友發現了他的遺體。

我張口結舌望著她，感覺地板在我腳底下塌陷。她似乎不再需要我的扶持。當她父親就這麼原因不明地死了，她悲傷得無法自已。可是現在，一件恐怖得多的事情被揭露出來，她反而停止哭泣，沉著冷靜得可怕。她帶領我們忙完一整個星期，迅速籌備喪事、跟叔叔討論流程問題。她引導家人互動、選購合適的骨灰罈。她被人需要，說不定因此卸下心裡的重負，不再需要任何事情。

她的父親依據一些基本信念而截短了人生。他把一些悲劇人物視為偶像，例如格蘭·帕森斯（Gram Parsons）、洛奇·埃里克森（Roky Erickson）和伊恩·柯蒂斯（Ian Curtis）[35]。他有一副憂傷、惆悵，粗曠而英俊的出眾相貌，雖然沉默寡言卻有敏銳的才智與品味。在大學裡，他跟蘇珊因為狹窄而強烈的共同興趣——搖滾樂、書本、反文化、食物——而成為一對。他有燦爛的笑容和沉靜的性格，「你永遠不知道他的笑容背後藏著什麼，」一個朋友在他的喪禮上深情追憶。

幾年過去了，蘇珊開始想要不同的生活：紐約市、藝術、音樂、新的環境。史黛西的父親只想一切照舊，住在維吉尼亞州，夜復一夜：啤酒、炙燒牛排、一家人圍著電視機。當兩人終於離婚，過程漫長、醜陋而惡毒。史黛西在上大學，傑克還住在家裡。史黛西畢業時，她的父親哀傷地躲在角落，害怕引爆衝突、毀了畢業典禮。他後來約史黛西在巷子裡見面，交給她一張賀卡和支票，喃喃說了些話並默默垂淚。然後，他依舊抱著避免場面難堪的心情，轉身沒入黑夜之中。至今提起這件事，史黛西仍會哽咽得說不出話來。

結束婚姻後，她的父親搬到夏洛茨維爾，孩子們則跟著母親定居紐約。一旦和家人相隔好幾百英里，他開始扮演離婚男人的角色——租一間公寓、穿夏威夷花襯衫、開有電路問題的BMW新車。他有一台巨大的電視和浩繁的DVD收藏，以剝削電影（exploitation）[36]和坎普風（camp）[37]為主：《洛基恐怖秀》（*Rocky Horror*）、《地獄旅店》（*Motel Hell*）、羅傑．科曼（Roger Corman）的《異形奇花》（*Little Shop of Horrors*），以及《粉紅火鶴》（*Pink Flamingos*）。

我認識他的時候，他紅光滿面，有海量男人特有的破裂微血管。我們共度的第一個晚上，我就看著他在一、兩個小時內乾掉一整瓶威士忌，行若無事。他的姿態有些消沉，但暗

---

35 編按：格蘭．帕森斯因年幼時相繼失去雙親的經歷，令他有著敏感和憂鬱的一面；洛奇．埃里克森公開推廣大麻及迷幻藥物的行徑，也讓他遭受法律制裁及輿論譴責，後因濫用藥物而出現精神異常症狀；伊恩．柯蒂斯是搖滾樂史上的「悲劇人物」，在家中廚房自縊身亡。

36 譯按：為了吸引眼球而過度強調某些元素——通常是性或暴力等病態元素——的電影。

37 譯按：一種以荒謬滑稽作為作品評斷標準的誇張風格。

藏了不可侵犯的尊嚴。我從他拱起的眉毛和光芒不減的眼神，看見一位觀察家的心靈仍在持續運轉。

他自殺那一夜，史黛西和我出去吃晚餐。我們還很年輕，才新婚六個月。我向她舉杯：「敬我們人生中最黑暗的一夜，」我愀然說。

傑克立即開車南下夏洛茨維爾，獨自花兩星期時間收拾亡父的公寓，倒掉一包又一包的垃圾，出售好幾箱全新的襯衫和還沒拆封的領帶。史黛西和我加入他的時候，公寓已經幾乎清空。我和傑克站在他父親的臥房裡，房裡的床墊和床架已經處理掉了。家人決定由我繼承音響，我拆解音響、扯開電線；傑克把零散的剩餘物品塞進袋子時，努力不轉頭窺探遠端牆壁上的不規則彈孔。

我有時候納悶，某種程度上，父親的驟逝是否沒有教會史黛西為生命中如此天崩地裂的悲劇作好準備。這是個可恥的想法，每次出現這個念頭我就想逃之夭夭。不過當我被自己的憤怒與絕望靜靜淹沒，我想逃都逃不掉。

一天晚餐後，兩人回到沙發上，因為不想分心，我降低音樂的音量。我轉向她，提出了問題。

「葛瑞塔去世前，妳認為這個世界……」我躊躇了一會兒，想起我對未出世孩子許下的諾言，「……是個美好而安全的地方嗎？」

她驚訝地望著我，掂量話裡的重量。

「啊，這個問題不好回答。」她蹙起眉頭，一字一句慢慢成形：「我想，我生命中的某些時刻……讓我相信可怕的事情在所難免，」她說：「也許意外之前，我確實假設我們可以免於那些可怕的事。但，沒有。葛瑞塔死後，我的世界觀並沒有隨之瓦解。」

聽著她的話，我感覺一個令人難堪的真相在我腸子裡凝結。我會回答「是」。此刻，這個天真的想法灼燒著我，讓我充滿令人頭暈目眩的自我厭惡。我或許會支支吾吾、語帶保留，但我會回答「是」。我領悟到，這就是活在我體內的尖叫聲。這個版本的我——這個大咧咧、快樂得無恥的孩子——被揍得鼻青臉腫。他口吐鮮血，用蜷曲的手指在瀝青路面上艱苦地爬著，但他可笑地拒絕死去。

「我覺得磚塊彷彿也砸中了我，」我喃喃對史黛西說：「它沒有徹底砸死我。現在，我身體裡有個聲音一直在尖叫。我需要身體裡的這個傢伙停止尖叫。」

✦

我們開始給孩子取名，但所有的研究全都像鬼打牆，如同從哈哈鏡觀看自己第一次乘坐旋轉木馬。

「歐若拉是羅馬女神的名字，她能把淚水變成朝露，」我提議。

史黛西的臉皺成一團。

「那很拗口，不是嗎？歐——若——拉。意思倒是不錯。」

「希望？」史黛西問。

「這對孩子來說也許負擔太重。」

「是啊，或許也太直白，」史黛西承認，然後若有所思地補充，「我高中時候認識一個好女孩，名字就叫希望。」

「蕾娜塔怎樣？意思是『重生』。」

史黛西蹙眉，「重生很奇怪。」

伊迪絲。艾達。潔西。歐文。蘿絲？

「我們不能用『蘿絲．格林』這樣的名字[38]。」

「法蘭西絲怎樣？」

「法蘭西絲這名字有一種……說不上來馬屁精的感覺，」史黛西說。我無法反駁，只好繼續搜索枯腸。

由於恐懼和傷痛依舊在我們耳際嗡嗡作響，還不能完全相信有個孩子在史黛西的肚子裡成長，那是前方的一線希望、一件或許會有圓滿結局的好事。超音波影像上那一小朵白色的生命之雲，更像是太陽——我無法直視太久。我對那朵雲說話，想像它變換成一個生命。想像自己聆聽它的心靈開始呼呼轉動的聲音。它認識我，我想。我明白，對它說著悄悄話。**爹地會修好他的心，我知道**。

我嘗試靜坐。想像有害的怒氣和痛苦像雲朵飄過無垠的天空，想像自己是血管裡的血球，只是流動的介質。換句話說，我想像自己不是人類，或許是一尊石雕佛像，低眉善目、脣角帶笑。那樣的表情照理意味著全然超脫、輕安自在，如今卻讓我覺得格外自命不凡。

我在為了逃避而閱讀的文章中，找到可恨的句子。「專家預測茲卡（Zika）蚊子將於今年夏天入侵美國，」《紐約時報》如此宣布，並附上插畫，以蚊子象徵機械化戰爭的密探，身體充滿腥紅色液體。

這篇文章出現在我的臉書信息串，就在林曼努爾米蘭達（Lin-Manuel Miranda）二〇一六年葛萊美獎獲獎致詞的新聞底下。「塞巴斯蒂安，爹地帶一座葛萊美獎回家給你，」他激動地大喊。我酸溜溜地注視他，這個眉飛色舞的人物，代表著由家長和他們安全、健康、日漸茁壯的子女構成的國度。

38 譯按：蘿絲的原文 rose 意思是玫瑰，格林的原文 Greene 跟「綠色」同音，合起來有「綠色玫瑰」之意。

另一篇文章出自《紐約客》（*The New Yorker*）雜誌：一名腦神經科學家證實，「孕婦的創傷經驗與創傷後壓力症候群會影響胎兒發育。蘇黎世大學的一項研究也顯示，公老鼠的壓力有可能改變精子的核醣核酸（RNA），導致憂鬱與行為改變，延至後代子孫。」文章的言外之意在我腦海縈繞不去：**你不再是同一個你，你們倆都已受損**。

我目睹一個種族主義者——一個無知、惡毒、毫無信念的人——逐漸在政壇得勢。看著民眾在他的造勢活動上痛毆抗議者，心裡記下他崛起的一年。「想像一下，這一切都在今天、在二〇一六年發生了！」我聽到人們反覆地說。沒有人能理解——這種事情怎麼可能發生！人們沒有這麼笨或這麼殘忍。

我多半不置一詞，但心裡想著：人們當然就是這麼笨、這麼殘忍。女兒如此無意義地死去，讓我對人類的可能性徹底改觀，似乎也改變了我對人類的潛能與本事的理解。我們是一個難以管教的麻煩物種，總是一隻手阻擋混亂，另一隻手臣服於失序。我們在人世的時間太短，不足以對抗死亡，或全心接納我們的存在、透徹觀照一切。我們盲目地從忘卻的一端東奔西撞到另一端，能在其中真正留心三、五件事情就算幸運。其餘的不是在嘶吼，就是被叫嚷，或掩埋在狂風暴雨掃過的廢墟底下。

是個男孩。護士在超音波影像上熱心指出他的睪丸尺寸。我們得知，它們是因羊水而腫脹。我們後來笑著談論她的評語，但那凸顯了我們被交付一種新生命雛形的驚訝。一個男孩。我們的男孩。我們決定取名哈里森，就像披頭四的性靈追求者喬治・哈里森（George Harrison），或大鬍子作曲家兼西海岸密契主義者盧・哈里森（Lou Harrison）。或者，如同史黛西閃過狡黠的表情補充說的，就像哈里遜・福特（Harrison Ford）。

我再度聽到他的心跳，那是個奇蹟，是我以為無法重現的魔法。我的心脹得發疼——快要被痛苦、喜悅、悔恨、酸楚、驚異、敬畏脹破了。我還看不見他，但他就在那裡。

我感覺某種形而上的大師拿著無情的手電筒打在我慌張的臉上。他發給我一張傳票，措辭簡潔有力：好了，你還有二十週時間可以他媽的振作起來。他意味深長地停頓片刻，從帽沿底下凝視我的雙眼。**聽到了嗎，爹地？他媽的給我振作起來**。

✦

我們是當地悲傷支援團體的新人。一位笑起來有雙下巴、頭頂只剩一圈捲髮的圓臉男士親切地招呼我們。「我是艾力克，」他多此一舉地自報姓名，因為他右胸前口袋就別著明晃晃的名牌。我先和他握手，然後輪到史黛西。他一邊握手，一邊定睛望著我們。他有一股不造作的溫暖，一種時時刻刻溢於言表的自在，不是那種需要接通的熱情。我們倆不自覺地靠近他，就像植物趨向陽光，稍微敞開了自己。這就是支援團體終身會員給人的感覺，我心裡想著。我母親的第一任丈夫參加戒酒無名會後，也散發類似的頻率。

艾力克輕鬆地告訴我們他失去了妹妹。「兩位可以在前面轉彎，進入大會議室，」他為我們指引方向。

我們走進大會議室，逗留在入口處稍作觀察。整間屋子散發一種舒服的破敗味道——起了毛球的老地毯，讓所有人看起來蒼白虛弱的頭頂日光燈。遠處的桌子擺了必備的雜貨店餅乾，以及分別裝了咖啡和茶的兩罐保溫瓶。長期會員圍成一個小圈圈，彷彿置身自家廚房，你可以從肢體語言看出他們已經有許多年經驗。他們的聲音太低，我聽不見談話內容，但他們的表情開放、溫暖而放鬆。

「歡迎，」一位瘦瘦高高的中年男子突然出現我們面前。他伸出手，露出皮包骨的細長手臂。「我很遺憾在這種場合認識你們，但我很高興你們來了，」他的聲音像大提琴般低沉振動。「我叫杰克，我的女兒芮妮十二年前罹癌過世，得年二十四。」

整個房間收縮了，眼前只剩下杰克。

「我很遺憾，杰克，」我回握他的手，聚精會神看著他的臉，試圖把周圍其他人阻擋在視線之外。「我的女兒葛瑞塔十個月前過世，她兩歲大。」杰克的手維持放鬆，用平靜而憂傷的眼神望著我。

「我很遺憾，傑森，」他看著我的名牌說，並對著房間揮揮空著的手，「你來對了地方。」

好幾個月來，史黛西和我一直想來參加這個團體。拘謹的個性讓我們遲疑不前，但最近我們經常在家裡談起，有必要把療傷及哀痛「納入」日常生活中。這就是我們如今談論哀傷的方式：認真而熱切，彷彿那是葛瑞塔的學校作業，需要我們幫助。自從得知兒子的性別，我就出現交通警察遞給我法院傳票、上頭寫著到期日的幻想。史黛西承認她也聽到越來越響亮的時鐘滴答聲：「我們必須為他騰出空間，同時想辦法繼續紀念葛瑞塔，」她理智地說。我不知道她怎麼能夠如此透徹地看清問題，一如往常，但我只能表示認同，心懷感激。於是我們來到這裡。

基於我不明白的理由，「這裡」是一間主日學教室。由於這是我們第一次參加聚會，得跟有好幾十年經驗的老成員分開，彷彿新鮮的痛苦有傳染性，我們必須被隔離。不過這也表示舉目所及，我們看到的全是小手完成的美術和勞作。肯定有其它空間可以使用吧？我伸長脖子看著標明五歲的兩個紫色掌印，心裡這麼想著。

討論會主持人茱蒂走過來迎接我們。我環顧其他新手，納悶我們散發的是怎樣的黑暗能量，彷彿有一張屬於這種哀傷的熱影像圖——我們十到十二個人聚集在這間密室，會像小城市那樣閃閃發亮嗎？

所有人尷尬又安靜地坐著，不確定是否獲准跟彼此說話。一分鐘後，茱蒂走進來坐下，俐落地拍拍褲子，用熟練的「廢話少說」的眼神凝視我們。

「剛剛有人說我盛氣凌人，」她用這句話當開場白。她誇張地聳聳肩，雙眼低垂，「我理他才怪。」

我可以感覺自己往內縮，想辦法保護我的重要器官不受她侵害。此刻，我不想帶著史黛西、我的兒子以及我對女兒的記憶跟她同處一室。

茱蒂介紹自己。她的女兒二十年前過世，擔任討論會主持人已經許多年。「發生在我們身上的，不同於其它種類的損失，」她說：「事實就是如此。別人以為他們可以幫你，但真相是，地球上沒有其他人理解我們的感受。人們會想辦法安慰你，他們或許已經嘗試過了。但是沒有語言可以描述這條道路，沒有嘗過這種痛苦的人永遠說不出任何有用的話。我們經歷了人的一生中能夠經歷的最深痛苦，**沒有人理解我們的感受**。」

她停下來打量房間，判斷我們是否吸收了她的論點。然後微微點頭，繼續說下去。

「事發過後好幾年，我心裡只有憤怒——強烈的憤怒，」她輕輕搖搖頭說：「一頁又一頁寫下我的憤怒與絕望——我僅剩的感覺。然後，等我把一切掏乾淨了，」——她模仿洗手的聲音——「我把它鎖進抽屜，再也不想看到或閱讀上頭的任何字句。」

「發現這個地方的時候，我漸漸明白，或許腦子裡那一堆亂七八糟的事情畢竟沒那麼瘋狂。」她接著說：「說不定還有其他人跟我一樣。這是個安全的地方，可以讓我們這樣的人聚在一起。現在，我們何不輪流說說，今天是什麼原因把你帶到這裡？」

沿著逆時針方向，我們這群無聲的哀悼者一個接一個打破沉默。安的四十歲兒子死於腦溢血，話說到一半就在她面前倒下。坐在我對面的莉蒂亞，十多歲的兒子因吸毒過量暴斃。這天是星期二，他前一個星期四過世。我驚訝地望著她，佩服她此刻的鎮定自若。她平靜而沉默地坐著，眼神溫和而含淚，但她沒有哭。兩個朋友坐在她兩側，似乎隨時準備在她沉不住氣的時候給她穩定的力量。她簡單而優雅地陳述故事，大夥兒繼續輪番發言。

圈子先輪到史黛西，然後才輪到我。所以她低聲清清喉嚨，「呃，我們來到這裡，因為我們的女兒葛瑞塔十個月前過世，當時她兩歲大，」她開始說：「有一塊磚頭……掉下來……」

我感同身受地緊握夾在兩腿間的手，這個故事還是很難訴說，主要是因為似乎沒有人能聽明白。史黛西回到話題上，艱難地說下去。

「當窗檯的一塊紅磚墜落，她和我的母親正坐在上西城一棟大樓外的長凳上。她從此沒醒過來，他們動了手術減輕她的腦腫脹，但為時已晚。這實在是個匪夷所思的意外，那麼偶然。有時候真的很難——」

茱蒂出乎我們意料之外地插嘴，打斷史黛西的話。「看到了嗎？看到了嗎？混亂！十足的混亂。這個世界是個射擊場，我們全都中槍。」

我睜大眼睛轉頭看看史黛西，她一臉震驚。你覺得她可以那樣打斷你發言嗎？那是討論會主持人應該扮演的角色嗎？史黛西似乎覺得受到責備，縮進了牆裡。我試著深呼吸、放鬆上下顎，到頭來卻發現牙關咬得更緊。我在腦子裡從十開始倒數，數到七就數昏頭了，圓圈繼續往我右邊移動。

我們旁邊這對夫婦看起來年輕幾歲。他們的兒子毫無預警地胎死腹中。丈夫握住妻子的手，默默無語。

我把目光轉向茱蒂尋求指引，卻大驚失色地發現她語帶哽咽。「你們的遭遇是那種真的打動我的故事，」她說。

我的怒氣越來越熾烈。我有一種不祥的預感，很快就會說出讓自己後悔的話。她是在比較我們的故事嗎？討論會主持人可以那麼做嗎？

「被剝奪了未來」——我努力不倒抽一口氣，史黛西在我旁邊身體一僵——「是特別悲慘的事。」我越來越確定——我即將在一個非常不合宜的環境和非常小的房間裡發火。然後她竟然說：「其他人至少都跟自己的孩子有過一段關係、有機會認識他們。」

「如果她只有兩歲大就不算數，」我咕噥著，音量大到剛好能讓一半的人聽到。

但是茱蒂沒聽到。討論繼續進行，對我胸中悶燒的怒火不聞不問。除了茱蒂之外，還有另一位來自主要團隊的女士——一名終身會員——被派來引導我們。她的名字是卡洛琳。茱蒂這時轉向她：「卡洛琳，說說喬登的事。」

卡洛琳用左手做了一個象徵無助的花俏手勢，柔若無骨地對空一揮，彷彿默劇電影裡的閨閣少女。然後手垂了下來，心不在焉地放到腿上，另一隻手不自覺停放在脖子上的一大塊飾品珠寶上。

「我可以說些什麼？」她問。她渴切地凝望前方某一個點，彷彿她的兒子會突然顯靈來幫助她找到話說。「他是……一切。他有源源不絕的創造力，精力旺盛、幽默風趣。他是……」卡洛琳瞄向天花板的隔音泡棉，「他是純淨的光。」

「現在在家裡，我被他的遺物團團包圍，」她補充說，眼睛仍往上看。「許多人叫我丟掉一些東西，但他實在太有創造力了……他有那麼多作品，繪畫、雕塑、紡織品。我怎能扔掉任何東西？跟喬登的作品生活在一起，我心裡很舒坦。」

卡洛琳垂下目光，掃視全場，臉色稍微變沉。「喬登的太太再婚了。」她神色惱怒。「她組了新的家庭，不明白我為什麼要活在她亡夫的一大堆遺物裡。」她用力說出「遺物」

這兩個字，帶著一絲指控。「她似乎已經繼續向前。」

她怒目而視，然後轉為哀求。「每個人都期望我到了某個時間點能繼續向前，」她哀傷地告訴我們，「我不想繼續向前。何必呢？我從不明白人們為什麼有那種想法。有時候我問他們：『為什麼應該繼續向前？』卻從來得不到答案。」

她再度陷入沉默，手依然擱在項鍊上。我納悶那是不是喬登做的。

「今天，這裡的每個人都在一堵高牆的一面，」她總結，「其他人在另一面。我們可以聽到他們的聲音，他們也可以聽到我們，但我們永遠不會再度跟他們相會。」

「我懂妳說的高牆，」我打破沉默，遲疑地說。「但我不想永遠住在牆的這一面。我真的很害怕被困在這裡。我的治療師保證我沒有被困住，但我感覺自己在哀傷的同樣兩個階段周而復始，一遍又一遍——某種程度的接受，然後是令人目眩的憤怒，反反覆覆。」

「那是很常見的誤解，」莉蒂亞左邊的女士插嘴，「哀傷的階段不是直線前進的。只因為你再度感到憤怒，不代表你倒退了。」

我抽出一張面紙，茫然若失地點點頭。莉蒂亞的朋友似乎深諳心理治療的語言。

「哀傷的階段！」茱蒂拉尖嗓子，「上帝幫幫我吧！」她冷冷看著莉蒂亞的朋友，瞇起了眼睛，「妳是心理治療師，對吧？」

那女人點點頭，面不改色。茱蒂因為揭穿真相而露出心滿意足的表情。

「我就曉得，」她說：「妳知道嗎，我們通常有一條規則，『做職業的』」——她重砲說出「做職業的」這幾個字，好讓這條嚇人的規則聽起來斬釘截鐵，就像指甲刮過黑板那樣無庸置疑——「不得參加我們的聚會。」她稍微傾身，彷彿在進行密謀，「不過，既然妳是她的朋友、陪著她來，我們可以破例。」

她的姿態和聲調活像黑幫老大做掉一個人之前用溫柔語氣說話——我喜歡你，艾迪。史黛西和我對看一眼：這些事情真的發生了嗎？

「原來妳是心理治療師啊，」卡洛琳尖聲說：「或許妳可以回答我一個問題，關於『接受』這檔子事。我為什麼要『接受』兒子的過世？」

「與其說接受他過世，不如說學著與這件事情共存，接受現實。」莉蒂亞的朋友戴上治療師的表情應答，「沒有人要求妳接受這件事情某種程度上是ＯＫ的。」

「那算哪門子接受？」茱蒂質問。她把手肘擱在膝上，伸長了下巴。她跟卡洛琳認出了入侵者，彷彿抗體似地圍剿她。「我拒絕接受發生在我孩子身上的事，到死都不會接受。我接受事情發生了的事實……。」

「哎呀，或許只是說法不同而已，但那是用字遣詞的問題，」心理治療師朋友說。她這時少了一點圓融、多了一點火氣，我可以感覺她在心裡挽起了衣袖。這件事與她有切身關係。在她旁邊，剛剛歷經喪子之痛的朋友安靜地坐著，手放在腿上，猶如聆聽家人在飯桌上爭吵。

屋裡的氣氛急轉直下，我緊張地清清喉嚨。「很抱歉提起階段的事，」我舉手說，引來一陣狼狽的笑聲。「我想講的是，對我來說，階段論是很有用的地圖。不見得每個人都能認同」——我揮手示意，把茱蒂和卡洛琳納入其中——「但是以我而言，它幫忙在圖上標出一個點。當我生氣的時候——」

「當你生氣的時候，儘管生氣就是了，」茱蒂插嘴，「沒必要為事情貼上標籤。」

我憋住怒氣，轉身面對她，突然覺得心裡有一股狠勁。「妳可以讓我說完嗎？」我扯開嗓門，不在乎自己聽起來多麼凶狠。「我很不欣賞妳在我說話的時候打斷我，或打斷我太太的發言。」

我看見茱蒂的目光重新對準我，下巴一沉，露出不服輸的表情。我的預感成了預言：我即將跟哀傷支援團體的討論會主持人開槓。

「聽著，」她說：「我看得出來你在極力對抗憤怒。我從前也這樣。但我從來沒說自己完美。我只不過是另一個遭遇喪親之痛的家長，和你一樣。唯一的差別是，我在這條路上走得比你久一點。」

「真不敢相信妳會這麼說，」我提高音量，「誰給妳權利仗著自己的哀傷擺老資格？」

此刻，一室的人都成了聽眾——我的和茱蒂的。我們的怒火肆虐，爭著搶奪屋裡剩下的氧氣。她跟我是這群人裡的兩個酸民，因為認出彼此而公開對嗆。其他家長以及他們背負的故事與哀傷，對我已如其他國家的天災那般遙遠。

過了一會兒，茱蒂似乎察覺跟新手會員爭吵，是多麼有失體面的事。我望著她調整自己、緩和語調。「如果我說了什麼讓你不舒服，我很抱歉。」她給了一句差強人意的道歉。「還好啦，」我用旨在傳達「去你的一點都不好」的語氣說。

有人不安地插話，討論會繼續進行。不過，接下來的談話都在無聲中進行，完全被我耳中的重擊聲掩蓋過去。

會後，茱蒂走向我，試圖彌補裂痕。她拉著旁邊的另一名會員加入我們的小圈子，誇張地笑著，「天啊，我告訴你，這傢伙今晚成了十足的茱蒂！」她搖搖頭，「你知道是怎麼一回事嗎？」她藉由跟她朋友說話來告訴我。「屋裡有個『做職業的』，」──又是這個詞，我突然想起，這也是一般用來暗指「妓女」的委婉用語──「我稍微被激起了獸性。」

她抓住我的肩膀，直視我的眼睛，我感覺自己再度繃緊神經。「答應我一件事好嗎？答應我你會再來。每一次都不同，不同的成員，不同的。」──她沉吟半晌，搜尋我的眼神──「主持人我只能說這麼多。別讓這次成了你的唯一嘗試。」

我生硬地喃喃說了幾句話。既然花了那麼多力氣以她為敵，我不願意接受這女人的正直與善意。

在搭地鐵回家的漫長旅程中，過了幾站後，我打破沉默。「我很抱歉跟哀傷團體的女士吵了起來，」我帶著熱辣辣的羞愧囁嚅著說。

「我老早就預料到了，」史黛西淡淡地回答。

✦

史黛西和我要飛到新墨西哥州與女兒的精神為伴。那是我們全然陌生的地方，既沒有各自的回憶，也沒有一家人共同的回憶。對此——正如我們在療癒道路上的其他一切——我們對自己在做的事情，心中完全沒譜。

那樁意外發生在葛瑞塔兩歲生日的短短二十天後，母親節在中間某個時間點來了又去。那二十天是一段縈繞不去的影像，我們對她的記憶在心裡翻攪，燦爛而生動，漸漸變得不太真實。「有時候，我對她的記憶彷彿是我腦中編織出來的傳說，」史黛西說。好比有一次，葛瑞塔從餐盤前抬起頭，神來一筆地說：「食物對我來說非常特別。」那次怎樣呢？史黛西在家裡照顧她，我在上班，她震驚地傳簡訊給我。如今這個故事開始變得模糊不可靠：葛瑞塔不可能真的那麼說吧，不是嗎？當哀痛逾恆的父母是唯有的兩個證人，具體細節開始令人起疑。然而，我的紀錄上留著這則簡訊，明明白白記載著時間與日期。

我們在聖塔菲（Santa Fe）待了幾天，然後開車進入陶斯（Taos）——一個小小的藝術家聚落，與其說小鎮以山為界，倒不如說它漸漸沒入山中。金柳避靜院（Golden Willow Retreat）就位於山腳下某個地方，那是農地上的一間泥磚屋，經營者名叫泰德・韋亞德。泰德的悲傷經歷，是那種會讓所有人愀然變色的故事：他在很短的時間內接連因船難失去哥哥、因癌症失去妻子、因車禍失去兩名子女。他茫然失落，短暫住進戒毒中心，只因不知自己該何去何從。後來他回到位於陶斯的家，蓋了屬於自己的中心，提供遭遇椎心之痛的人平復心靈。

這是我們計畫在女兒三歲冥誕悼念她的地方。我們倆都對這個地方強烈好奇，而且正如去克里帕魯之前，對未知的一切抱著一絲憂慮（我們甚至無法在網上找到照片）。我們從未在葛瑞塔缺席的情況下慶祝她的生日，所以無異於雙重盲目地胡亂摸索。

在聖塔菲的第一夜，我們穿上保暖而體面的衣服在城裡遊蕩。吃的第一餐覆蓋滿滿的青辣椒肉豆醬，決定以後的每一餐都要這樣。然後我們飽足地閒晃，走進一家兼賣水晶的新時代書店。在店裡迷迷糊糊逛了一、兩個小時，對著水晶東挑西揀，彷彿等著它們對我們施展魔法。

「這一顆怎麼樣？」我問史黛西：「這是一顆自我療癒的印加石英。」

「哇，我喜歡，」史黛西看著它說。她接著查看價格標籤：兩百五十美元。我們把它放了回去。

我花了二十分鐘凝視店後頭的書。走過東方思想的書架、帶著一點興味瀏覽威卡教（Wiccan）[39]書籍。我見到略有印象的作家名字：艾倫．沃茨（Alan Watts）、哈洛德．庫希納（Harold S. Kushner）。發現自己輕撫一本《薄伽梵歌》（*Bhagavad Gita*）——一部印度史詩，全長七百句。這或許有一點衝過頭了，我心想。過了一會兒，史黛西來找我的時候，我正捧著一個西藏頌缽，以木棒摩娑缽緣，附耳諦聽。我投給史黛西一個迷茫的神情：我需要這個嗎？兩人開始在店裡相顧大笑。最後，我們抓了兩顆小石頭離開，一人一顆，花了十五美元左右，對這樁買賣相當放心。「我們得從小東西開始，」史黛西解釋，「像嬰兒學步！」

我們到令人驚嘆的岩層健行，正是這些岩層結構為西南部贏得了神話地位。我曾經到科羅拉多州的親戚家做客，在山裡待了不少時間，但這裡確實感覺不同。也許是因為杳無人跡，或是因為岩層本身扭曲而奇異的結構，亦或是如同鑰匙圈和紀念品店擺件上寫的州格言——把這裡封為「迷人之地」，確實有些道理。我還沒有感應到葛瑞塔的靈體，但我感受到身旁溫暖而清晰的史黛西，以及兒子的存在。

開車進入陶斯那天，我們在小鎮邊緣的咖啡館歇腳。附近牆上有當地藝術家留下的壁畫。咖啡館門口停了一輛生鏽的老哈雷，旁邊的福斯汽車貼了一張寫著「共存」的保險桿貼紙。店裡播放我應該認得卻沒聽出來的某種獨立搖滾樂。我望向窗外，試著想像接下來幾天獨自沉思會是什麼滋味，以及要如何打發這段時間。從咖啡館的窗戶可以看見群山。**我們會在那裡找到妳嗎，寶貝女兒**？我納悶著。回到車上，繼續朝一望無際的空無駛去，只靠路邊偶爾出現的十字架紀念碑來感受距離。

我們遵照GPS指示第一次轉出鄉間公路後，直接開上一條黃土路，穿梭在拖車式活動房屋之間，基本上我們穿越了這些人家的後院。沿著小路不斷爬坡，然後冷不防左轉，一棟廢棄房屋赫然矗立眼前。這棟房子塗滿了塗鴉，窗戶全被打破，想必是無聊的孩子扔石頭幹的好事。「哎呀，希望不是這裡，」我對史黛西說。幸好不是，我們繼續行駛。

馬路不斷帶領我們往上攀升，租來的車苦苦撐著，就像一列有年代的雲霄飛車奮力爬升到第一個峰頂。掠過幾間小房屋，屋前的排水溝幾乎被野草塞死。然後路面驟然變窄，伸向路邊的郵箱差一點撞上我們的後視鏡。突然間，右邊的原野豁然開朗，金柳呈現我們眼前。房子位在曠野中央，舒服地與世隔絕，屋後有一座小小的泥磚屋教堂，那是這片沒有樹木的原野上唯有的兩棟建築。

我們在車外站了一會兒，任憑狂風打在身上，不確定該不該去敲門，擔心打擾正在洗

39 編按：在英美盛行，以巫術為基礎的宗教。

滌心靈的哀悼者。史黛西從車道上打電話給管理員柯爾絲頓，卻見她拿著電話從大門後走出來。她擁抱我們，邀請我們進屋。

泰德出城參加某種研討會了，我們從頭到尾都沒遇見他，但他的精神駐足在每一樣東西上。每個人似乎受到他的某種感召，都有一段故事。負責煮飯的女士在學校教過他的子女，柯爾絲頓暗示她多年前當助產士時曾經過得很辛苦。「泰德幫助過我，」她三言兩語。

葛瑞塔生日當天，我們排定跟吉姆碰面。他是一位心理治療師，在金柳負責「禮法師」的工作。就像靈媒莫琳，禮法師吉姆也讓史黛西和我充滿強烈臆測。

他抵達時，屋裡除了坐鎮辦公室的柯爾絲頓外，只有我們。他敲敲門，我應了門。他穿著一件有流蘇的白色鹿皮背心，白髮往後梳成馬尾，脖子上掛著一顆獵犬牙齒，晒得黝黑的臉和雙手布滿皺紋，與周圍的岩石無異。聞起來有濃濃的煙草味，跟他握手時，那氣味充塞我的鼻腔。

吉姆的皮膚被太陽烤出一道道刻痕，很難判斷他究竟四十多歲，還是六十多歲。他說起話來慢條斯理、不慌不忙，像那種靠太陽判斷時間的人。「我知道很多種不同儀式，」他心不在焉地用粗糙長繭的手挑掉鹿皮背心上的某樣東西，彈指揮開。「全都視你們兩位想要哪一種……體驗而定。」他望進我們的眼睛。「你們想要什麼？」

問得好，那是我倆都難以回答的重要問題。我們試著解釋，這對我們而言是全新的經驗。我們覺得自己正朝更有靈性的生活前進，我們的某些經歷，讓兩人都想和更深層的事物建立聯繫。我們沒有宗教信仰。不過，你懂得的。

吉姆插嘴來解救我們。「我有點子了，」他說：「我現在去教堂準備，你們只管在這裡等。我會過來叫你們。」

話一說完，他拾起腳邊的麻袋，蹣跚地走出房間。我們望著他打開玻璃拉門，穿過黃土地，進入教堂。

「你猜他在那裡做什麼？」史黛西悄聲問。

「猜不出來，」我也悄聲回答，儘管房裡沒有別人。「你覺得我們等會兒會看到什麼？我只希望吉姆不會脫得精光。」

兩人像中學生那樣吃吃笑著，不知怎麼，走過千山萬水後，一旦面臨不熟悉的事物，我們又變成孩子似的。我再度想起葛瑞塔，她小小的腳趾浸在海水裡，眼前的凶險讓她略為畏縮。我懂妳的感覺，丫頭。

這時，砰的一聲巨響讓我們嚇得跳起來。「老天爺啊！」我不由自主地說。不知道什麼東西猛力撞上房子另一頭的窗戶，我轉頭查看，只見到一抹汙痕和一根羽毛。撞擊聲音大到讓柯爾絲頓從後方辦公室走出來。

我們走到窗戶邊，發現一隻斷了氣的灰色鴿子仰躺在地上，黑色眼珠無神地盯著我們。

沒有人說話。

我打破沉默。「這種事情大概經常發生，是吧？」

柯爾絲頓依然看著那隻鳥。她轉向我們，露出一抹古怪的微笑。「不，其實從沒發生過。」

我緊張地笑著，「那可不是個好兆頭，」我打趣說。

「無所謂好或壞，」柯爾絲頓說：「牠現在是你們這趟旅程的一部分了，我要把牠拿去給吉姆。」

她走出去，徒手撈起鳥屍，大踏步走向教堂。吉姆走出來（衣衫完整，我鬆了一口氣），兩人商量了一會兒。柯爾絲頓說了幾句話，吉姆點點頭，若有所思地低頭注視死鳥。最後，他把鳥帶進教堂，關上了門。柯爾絲頓稍微撣一撣手，返回主屋。當她重新走進廚房，再度意味深長地看著我們，什麼話也沒說，然後走回辦公室，關上了房門。

史黛西和我嚇呆了，死鴿子剝奪了我們保持疑心的奢侈。我的耳邊響起莫琳在克里帕魯的聲音：留意各種信號。哎呀，這感覺不像信號，倒像是一次干預。此刻發生在我們身上的事情似乎無可抵賴，超出我們的理解。我們已經陷得太深。不論接下來發生什麼事，只能真心接納，別無選擇。

終於，吉姆走出來招呼我們。「我想，我們都準備好了，」他簡單地說。我們跟著他穿過屋後的石子路，走進小教堂。這是泰德本人在當地一群失去手足或父母的少年及兒童幫忙下，親自動手蓋的。

壁爐裡有微弱的火光。遠處，我們看見地上有一連串符號與圖騰，排成一個圓圈。吉姆盤腿坐下，我們如法炮製。他身旁有一袋新鮮的菸草，袋子側邊劃開一道開口；還有一堆小碎布，排成十字型。「這是菸草禱詞束扎儀式，」他指著碎布說明，「每個顏色代表不同的方位：黑色是西方，紅色是北方，黃色是東方，白色是南方。」

每個方位有不同的情緒涵義，他繼續解釋。他托起一塊碎布，熟練地用手指掐一撮菸草放入碎布中央，然後折起邊緣，擰成一個小小的布條包。「手指掐住菸草時，試著花一點時間集中心力。重點是為它灌注意念。」他在布條包頂端打結，用力一拉。「選擇吸引你的顏色，然後放進菸草。」

我很確定自己會把菸草灑到教堂地板上，弄得到處都是。但我用顫抖的手，挑出介於東方與西方的紫色布片（吉姆說這個方位是全然未知的領域，是生與死之間的重大奧祕），用拇指和食指掐起一條細如髮絲的煙草。我用力凝視它：我想要平心靜氣接受妳如今的歸宿，葛瑞塔。我對著它思索，試著想像意念透過手指上的油脂滲入菸葉。輕輕將菸草塞進布包，打了個結。結稍微歪向一邊，但撐住了。我的祈禱完好無損。

我們三人靜靜扎著布包，過了一會兒，各自完成四或五個布包，綁在一條長長的麻繩上。我們停下來品頭論足。

「黃色是給兒子的，」史黛西舉起她的那一串說，上頭有紅色、黃色、黑色和白色的布包。「我感覺他是一股新的、單純的能量，基於某種原因……非常急切、開放、快樂。我想為他作好準備，準備好接受他的能量。」

儀式結束時，吉姆正要起身離開，突然想起什麼事。他走到角落，揭開用毯子包住的鴿子死屍，掏出隨身小刀，彈開刀片，刀尖放在連接翅膀與鴿子軀幹的關節上。他遲疑了一會兒，抬眼看看我們：「這會太古怪嗎？」

我開始不由自主地大笑。「吉姆，我真的不知道。在這種情況下，『太古怪』是什麼意思？」

他發出老菸槍的隆隆笑聲。「有道理。」

他開始鋸了。軟骨動來動去，吉姆必須用力拉緊關節。手術並不優雅，他不得不用上足以讓我顫慄的力氣。不過一分鐘後，吉姆為我們各自呈上一根卸下來的鴿子翅膀，邊緣還閃著粉紅色血光。「最好用鹽醃著，」他給出忠告。

我們走出教堂，史黛西和我分別拎著一隻帶血的翅膀。幾團積雲從頭頂飄過，層次分明得令人驚異。我們拿著禱詞布包，這些布包會在最後一天燒掉，將我們的希望、恐懼和意念通通飄向天空。吉姆用鏟子在地上挖出一個小坑，把失去羽翼的鴿子放進坑裡，灑下一些菸草，簡單做了個十字架，象徵性地朝東西南北方祈禱。「感謝神靈為我們送來這位信差，」他莊嚴地吟誦，「願你一路好走。」

他站起來，拍拍膝蓋上的塵土，望著我們，頓時又變回心理治療師吉姆，巫術的氛圍霎時煙消雲散。

「好了，完成了，」他說。他昂起頭，「如果你們覺得有幫助，想要再進行別的儀式，跟柯爾絲頓說一聲就行。我很樂意再來。否則，希望這次經驗曾幫助你們略微療傷。」

說完話，他轉身走回主屋。我們靜靜沉思，鴿子就埋在我們腳下。

史黛西打破沉默，「我想要他再來。」

✦

隔天早晨，一位名叫漢娜的身體工作者來訪。我先進行。在她架設按摩床時，我對她說起那隻鴿子。

「整件事情帶著某種黑暗與滑稽，讓我想起葛瑞塔。」我說：「她有一種鬧劇式幽默感，最愛看我們驚慌失措，那會讓她笑翻天。鴿子撞上窗戶，把我們嚇得屁滾尿流——感覺像是她會傳送的信號。」

「一定是的，」漢娜揉捏我的肩膀喃喃回答。她接著把手放到我的胸前，猛然縮了一下，彷彿碰到滾燙的熱鍋。她很快吸了一口氣，輕聲說：「**她就在這裡**。」

她驚嘆地笑著，放輕手掌的力道。我的哀傷像水管破裂般一湧而出。

「噢，傑森，我很抱歉，」她說：「我知道這句話或許會惹你傷心，但是你永遠不會真的孤單。她就在你的身體裡。非常驚人。就在這裡。」她在我的右邊鎖骨和胸骨之間畫圈。

「她曾經在這裡嗎？」

「一出生的時候，」我悄聲說。

漢娜離開後，我們在院子裡漫步，覺得自己變得比較柔順，比較容易接受暗示了。鴿子、教堂、荒野——我們彷彿被敲開了心門，不論吉姆還會帶給我們怎樣的體驗，我們都準備好了。走到後院圍牆邊，輕輕撫摸被圈養在此的兩頭淚眼汪汪的老驢子。我們在教堂裡練習瑜伽，等待吉姆重返。

當天下午他再度來到主屋，隨身帶了一面鼓，別無其他。

「我準備帶領你們踏上性靈之旅，」他坐下來，鼓夾在兩膝之間，手沿著緊繃的鼓面邊緣劃了一圈。「我不確定你們會遭遇什麼，但我可以說說別人曾有的遭遇。你們或許會遇到靈獸，或許會出現其他幻境。有些幻境也許很嚇人，也許很逼真，但是千萬不要害怕。靈獸有時令人心驚膽戰，有時甚至伸手摸你。千萬不要退縮，因為不論它對你做什麼，都是在療傷止痛。它甚至有可能面露凶光，但你的靈獸絕對無意傷害你。如果它們觸摸你，你可以放心接受，它們是在替你療傷，那就是它們帶來的良藥。」

「還要記得另一件事，你在過程中會被自己的意識絆倒，」他說：「那也是旅程的一部分。當你越來越深入自己，每走一步，意識都會試圖把你拖出性靈的境界。你可能開始心神不寧、再度察覺自己的身體，或者出現移動雙腿的衝動、想起自己置身的房間。這都是正常現象。如果發生這些情況，最好的辦法就是接受它、放下它。你可以繼續往內心深處走去。」

史黛西躺在沙發上，我選擇地板，就在天窗底下。閉上眼，陽光使我眼皮下的風景變成一片花白。吉姆開始擊鼓，不慌不忙、鼓點分明，就像從屋簷排水槽溢出的雨滴般充滿抑揚頓挫。光線在我眼皮下蔓延開來，往深處聚集，突然間，流動的光成了一片飛來飛去的影子：一隻蝴蝶。我看見舞動的翅膀，看得真真切切。牠們是半透明的，光線穿過翅膀上的紋路。我的意識算準時機不以為然地哼了一聲，蝴蝶消失了，使得房間、地板和我的雙手雙腿重新成為焦點。但吉姆的鼓聲不斷，我的呼吸慢慢變緩時，牠又出現了。牠在我的上空飛舞、迴旋，然後停在我的胸前。假如蝴蝶可以揚起眉毛，那就是牠對我做的表情。牠似乎在說，哎呀，來嘛，還帶著一點淘氣和期待。

牠從我的胸前翩翩起飛，我亦步亦趨，望著牠的翅膀在一伸一縮之間慢慢延展。突然間，那不再是蝴蝶翅膀，而是老鷹的翅膀，寬闊、強壯，往兩邊延伸幾英里長。風打在我的臉上，我往下俯瞰，看見我的手緊緊抓著老鷹寬闊的肩胛。我們在森林上空翱翔，離地幾英里遠，飛越模糊的樹影。老鷹猛然俯衝，森林的地表層霎時跳進我的眼簾。我失重滾落牠的背，跌進一片開闊的原野。我躺著，陷入泥土裡，草葉搔弄我的手指、拂過我的耳朵，我仰望碧空。

葛瑞塔走過來。她穿著出事前一天，她和蘇西外婆去公園玩耍時穿的那件白色牛仔外套。嗨，爹地，她無聲地說。嗨，丫頭，我說。我在她的要求下站起來，跟著她走到森林邊緣，這裡的樹木變得更濃密了。老鷹再度出現，我爬上牠的背，不知道為什麼，沒有老鷹的幫助，我就跟不上葛瑞塔在森林裡穿梭的白點身影。

老鷹在葛瑞塔止步的地方緩緩停下，地面上有個巨大無比的坑洞。我跟她一起站在坑邊，往下窺探。坑底散發一股潮溼而肥沃的氣味，透露出未知的信息。我看不見比十呎更深的地方，而我在坑邊逐漸縮小，我害怕了。不過葛瑞塔望著我，皺起鼻子，露出那抹滑稽的笑容，起身從坑邊往下爬。我別無選擇，只能跟著她，深入地球中心。越往下走越涼快，她在我前面急切地移動，我幾乎看不清她的外套。

我們在坑底會合，地表已在極目所見之外。地心的泥土會呼吸。葛瑞塔蹲下來，用她兩隻小手捧起一把肥沃而活生生的泥土，高舉在我的面前，讓一縷縷泥土從她的掌心滑落：瞧見了嗎？瞧見了嗎？她意味深長地望著我，我明白了：等我回到地面上，葛瑞塔將真正無所不在。我會被她的愛和存在籠罩，她會是花、蜜蜂、天空、樹根、泥土、青蛙、水，我也一樣。我瞬間重新站在土坑邊緣，然後同樣瞬間回到原野上令人目眩的光線下。葛瑞塔不知道用什麼方法把我們拉回到地面。老鷹降落在我上方的一根樹枝，以嚴峻的表情望著我。葛瑞塔如今站在原野邊際，只剩下小小的身影，快活地對我揮揮手。**再見了，爹地**，她對我說，由於確信我能理解而顯得自信平靜。

而我確實理解。我覺得這份理解流經我的血管，帶著訊息傳送到身體各個角落。等我死後，我會重新陷入地層。我再度躺回原野上，等著事情發生。老鷹巨大的身軀森然逼近面前，但我無所畏懼。我轉頭面對牠的喙，牠啄出我的眼球，丟進草堆裡。扯破我的面頰，血液、肉漿和肌腱四處飛濺。謝謝，謝謝，謝謝，我對牠耳語。我感覺到撕扯，但不覺得疼痛，只有因為空氣沖刷我露出的血肉而感到的舒暢。

終於，鷹爪戳進我的胸膛，攫取我的心臟。我變得僵硬、緊繃，努力回擊。我望著內臟脫離胸膛，老鷹拽著它往上鼓動翅膀。但我不肯鬆手：它靠一條厚得像背包肩帶的強韌肌腱連在我身上。感激地輕嘆一聲後，我投降，肌腱應聲斷裂，我那跳動的心放飛自由。老鷹用牠的爪抓著那團血淋淋的東西飛走了，把它扔到草原邊際，我的心啪一聲墜落地面，聲音響亮。我自由了。我的胸腔萎縮，植物在黑漆漆的胸廓裡開花，我慢慢變成泥土。我變成了葛瑞塔，葛瑞塔也變成了我。我們倆是被地球捧在掌心的一把泥土。

就在此時，吉姆的鼓聲改變節奏，示意離開的時候到了。老鷹守護者用牠冷硬的黃色雙眼傳達一個訊息：**別忘了我**。吉姆的鼓聲慢慢停歇。

「可以睜開眼睛了，」吉姆輕聲說。

我的眼睛睜開了。噢，我的葛瑞塔。我的愛，我的人生。

我終於明白。

SECTION SIX

哈里森

Harrison

我把前門拉開一條縫，上上下下窺探整個街區。時間是上午八點，街上空空蕩蕩：沒有被狗鍊拴著、呼哧呼哧嗅著樹木的狗，也沒有站在郵箱旁的街坊鄰居。我把幾個紙箱拖到人行道旁，發出嘩啦啦的聲響。除了每隔十分鐘左右呼嘯而過的巴士，這條街幾乎總是這麼安靜——沒有以前住的地方那些按著喇叭的迷你廂型車、翻飛的垃圾，以及滿地的玻璃碎屑。我喜歡新環境，但其中略帶苦澀。目光所及之處，總有葛瑞塔的雙眼從未見過的另一個地方——她從未摸過的牆、從未坐過的綠蔭下鞦韆、永遠沒機會上的一所好學校。**妳會喜歡這裡的**，葛瑞塔，我告訴她。

我神不知鬼不覺溜回家，關上門，輕輕一嘆。我的心撲通撲通狂跳，額頭冒著汗珠，儘管溫度幾小時後才會飆高。搬來八個月了，但我仍然害怕新鄰居——害怕他們探詢的笑容，以及人類天生的好奇心。他們對葛瑞塔一無所知，但我可以感覺他們根據表象做出假設：我們正準備生第一個孩子，或許甚至新婚不久。我害怕加強他們的印象，更害怕糾正他們。於是我跟他們拉開安全距離。而當我終究得跟某個人握手，我微笑著壓抑心底的驚慌：拜託別問太多問題。

我發現史黛西醒了，正在廚房忙東忙西。她穿著紫色內褲和黑色的小可愛背心，兩件衣物上下分開，露出一片圓滾滾的肚皮，硬得像哈密瓜一樣。我親親她，走進臥房。繞過一個敞開的行李廂，裡頭裝了半滿，那是我們的醫院「應急包」——牙膏、T恤、一包腰果。我在腦子的清單裡加上兩樣東西——體香劑和電話充電器，同時拉開衣櫥門，努力尋找乾淨的襯衫。

這時，我的眼角閃過一包用收縮膜包起來的葛瑞塔嬰兒服，我的目光頓時失去焦距。她的衣服是一塊壓縮得四四方方的記憶，藏著她的新生兒睡衣、嬰兒帽，以及我們趕緊拍一張照片就替她脫下的粉紅色鑲摺邊嬰兒服。正常情況下，我們會把這些衣服送給家有新生兒的親戚朋友。可是，如今這些小衣服是粉筆畫的輪廓線，清除它們無異於拱手放棄她曾經存在的證據。

這是八月中，夏末的暑氣像一塊爛布黏在我們身上。在天氣、鄰居及史黛西孕期最後階段之餘，我們鮮少出門。生活慢慢歸於停頓，而我們多半一起坐在家裡看看電視，試著不胡思亂想。

我們再度動手整理這些封好的袋子，像在家裡插滿小型警示旗似的，把衣物丟得到處都是。史黛西挑出幾件中性衣服，拿到客廳，坐在那裡喝咖啡。有幾條粉紫和粉綠的褲子、幾件黃色上衣。四散的嬰兒服旁邊有一塊嬰兒遊戲墊，上頭掛著晃來晃去的絨毛動物和亮閃閃的玩具。朋友為我們畫的一副葛瑞塔肖像油畫，從對面牆上親切地俯視我們、俯視這些玩具。妳希望我們把這些東西全都送給妳弟弟嗎，寶貝女兒？我無聲地問她。

「我做了一個夢。我照顧的狗不知怎麼變成了嬰兒，」史黛西在我旁邊喃喃地說，打破了沉默，我這時才發現她心神不寧。「我把牠抱起來，牠就變成小狗，一放下去，又變成葛瑞塔，然後變成哈里森。他旁邊有一鍋滾燙的開水。我真是全天下最不負責任的母親。」

我想不出什麼話讓自己聽起來不覺得空洞：她的夢直指我倆最深的恐懼。

那是星期二。我們的兒子預計三天後出世。如果他像姊姊那樣準時、恰恰在預產日當天出生，到了這個週末，我們就可以把他抱在懷裡。

當他仰望我們，看到的會是什麼呢？

史黛西用左手摸摸我的膝蓋。「你該沖個澡，準備上班了，」她溫柔地說。

✦

在金柳，史黛西也看到了幻境。她獨自站在原野上，和我一樣。不過，迎接她的不是蝴蝶，而是從茂密森林邊緣走出來的一頭牡鹿。葛瑞塔站在牡鹿旁，高舉一隻小手輕輕擱在牠身上。他們三個——史黛西、葛瑞塔和牡鹿——穿越森林，踏上一片空地，跟我的幻境大同小異，不過史黛西的幻境裡沒有其他野獸，只有一方清澈的池塘，池面平靜無波。葛瑞塔招招手邀她走到池邊，示意她往前看：喏，那是我們兒子正漂在湛藍水面上，愜意又安全。

史黛西掃視森林邊緣，查看是否有其他不祥之兆、信號或訪客。不過葛瑞塔不斷溫和地把她的注意力帶回漂在池塘上的寶寶。史黛西尋求她的指引，無言地詢問應該怎麼做。葛瑞塔只是舉起一根手指放到脣上，深深望進史黛西的眼睛：噓，她說。她再度指向水面，然後轉身離開。

從金柳開車回家的路上，我們反思各自的幻境有什麼寓意。我的心彷彿生病了，而我勇敢跨出一步——我的憤怒、怨恨和自憐已經擴散，老鷹把這些疾病刨出我的身體，一次刨開一個器官。之前在我體內尖叫的那個傑森，那個原本相信宇宙美好，卻被橫空砸中葛瑞塔的磚頭打得半死不活的傑森，終於可以徹底消失。當老鷹撕扯我的臉，我明白那是我無法對自己動手的終極毀滅。尋死的念頭已在我心裡藏了很久，現在，我終於做到。

對史黛西來說，她的幻境是關於存在，關於寂滅與平靜。「我們已經好長一段時間只照顧我們自己，」她說：「我就要再度當媽媽了，那表示我得準備好全力以赴。葛瑞塔是在教我怎麼做。」

葛瑞塔死後，史黛西和我只需要為彼此活著。共同經歷那段令人暈眩的痛苦，讓我們靠得更近。我們對彼此多了一點溫柔，少一點不耐煩。此刻，在另一個孕期的尾聲，我敏銳地察覺兩人全身上下的瘀血——這些內傷有多深，每個痛點即將再度被按壓得多麼用力。

撇開其他不談，照顧小孩是一場持久的自我忽視：你搖著寶寶入睡，直到背後汗如雨下。你撿寶寶餐盤上剩下的食物吃。趴在臥室地板上睡著，離搖籃咫尺，祈求孩子不要坐起來，又開始哭鬧。最後兩星期，我試著想像再度為另一個人存在是什麼滋味——被爬在身上、被大聲叫嚷、被當成家具，被視為亙古而恆常、就像天空或太陽。我渴望再度品嘗這些滋味，卻害怕未來。

葛瑞塔出生前，我用無止盡的末日情節折磨自己——疲憊不堪、笨手笨腳，我會在黑暗中跌跤、旋轉，把她摔到地上。或者，說不定在我替她做午餐的時候，她會把什麼東西灑了一地，我會轉過身來對她大吼大叫，我會看見她睜大眼睛，恐懼在她心裡萌芽：就連爹地都可能傷害我。

結果，真實情況還要複雜得多。我從來沒把葛瑞塔摔到地上，從沒對她大吼大叫。不過，我們迷迷糊糊度過了相處的時光，一路跌跌撞撞。她清晨四點半即醒的毛病從沒改掉，睡眠不足無情地侵蝕我們的大腦。我們疲憊與無能的徵兆俯拾即是，羞辱著我們：她穿著不搭配的衣服，冬天時手上套著襪子，只因為她不肯乖乖戴上手套。我們匆匆忙忙下班，臉紅氣喘地趕著準時到布魯克林的托兒所接她。有一天跑下地鐵列車時，我絆了一下，跌在我的背包上，感覺 iPad 螢幕在身體底下碎成一片一片。

那天回到家，史黛西正攪拌一鍋從店裡買的現成番茄糊，爐灶和地板爬滿一條條紅色汙漬。「我把它掉到了地上，但我覺得我有及時撈起來，」她告訴我，聲音裡明顯帶著竄升的歇斯底里。「以防萬一，我把它煮沸。」我走過去，往鍋裡瞄一眼。她用雙手把番茄糊從老鼠為患的廚房地板撈起來。我親親她，建議叫外賣。

我們一有機會就拿這些時刻說笑，卻漸漸只剩下急躁的外殼。葛瑞塔滿十八個月大時，史黛西開始在下班後為客戶進行哺乳諮詢：「媽咪得去跟寶寶聊一聊，」我們會這樣告訴她。葛瑞塔在史黛西偷溜出去時又哭又跳，讓史黛西深感驚愕、內疚、心碎。我會負責把葛瑞塔哄睡，然後對抗腦子裡的一團糨糊，試著寫點東西。我們最後癱在床上，幾乎不再碰對方一下。

意外發生前一個星期，事情達到了沸點。捆綁婚姻的繫帶快被磨爛，我們刻薄、易怒、動不動就發脾氣。

「這會是個愉快的週末，」我向史黛西保證，「上館子吃晚餐，好好睡一覺。我們只是需要重新啟動。」

史黛西把頭埋進我的肩膀，她比我矮了一呎[40]，所以擁抱的時候，她的頭頂剛好抵到我的下巴，我把她徹底擁進懷裡。「哎呀，我們需要放個假，」她對我呢喃，我可以感覺她放鬆地倚在我身上。

「妳這個週末要去蘇西外婆家過夜，」那個星期，我每天都這樣提醒葛瑞塔。她夠大了，剛開始理解時間流逝的概念，我們一起倒數計時。她現在懂得**期待**了，我注意到。

那個星期六早晨，我留史黛西和葛瑞塔獨處。我排定到當地的生鮮合作社值勤，完成每月一次的輪班。那是一家古怪的布魯克林機構，供死硬派社會主義嬉皮交流，以及史黛西和我這種只是喜歡生鮮的人混跡其中。那天早晨，我負責指揮動線：站在凳子上，揮手引導購物者前往結帳櫃臺。以這種方式消磨週六早晨實在很荒謬，但反正才短短幾小時而已。史黛西會開車到上西城，把她交給蘇珊，然後跟我會合去看電影。那是我們「重新啟動週末」的開始。

距離輪班結束還有四十五分鐘，我口袋裡的手機嗡嗡作響。史黛西打來的，我一接起電話，就聽到尖銳刺耳的吼叫。

「馬拉松！」她對著我的耳朵咆哮。我可以聽見她拍打方向盤，以及葛瑞塔在後座安全椅上隱約傳來的哭鬧聲。「布魯克林馬拉松封鎖了每一條街，我開不出去。已經繞了四十五分鐘，只離家一英里。」

我可以聽出她逐漸消了氣，但憤怒與挫折開始在我的胃裡翻騰。

「我很抱歉，」她嘆口氣說：「我現在實在沒心情，好嗎？我沒辦法。完全沒力氣了。我不知道怎樣把葛瑞塔送到我媽那裡，也不知道我們怎樣才能脫身。」

40 編按：約三十公分。

我也完全沒力氣了，但妳沒聽到我打電話給妳，驚慌失措地對妳尖叫吧？誰給妳權利這麼對待我？我揮開這個想法，謹慎措辭：「史黛西，冷靜一點。妳這樣心煩，我根本幫不上忙。拜託乾脆回家、下車，如果索爾和艾美在家，就帶葛瑞塔去找雅各玩。等我這兒忙完，我可以去買東西，然後去接妳。我們一起帶葛瑞塔搭地鐵，然後去看電影，這樣就可以享受我們的週末了，好嗎？」

從電話這頭，我感覺得到史黛西顫抖著深吸了一口氣。「好，對不起。我不是故意失控的。沒問題。」

我走回工作崗位，臉上熱辣辣的，感覺我的頹喪暴露無遺。

我們難得吵架，但情況千篇一律：史黛西會對雞毛蒜皮的小事大發脾氣、過度反應；我會對她大發脾氣、過度反應。兩人都會失去冷靜，在吵架升溫時覺得愚蠢，也都在吵完之後發現自己站不住腳。「小事就是大事，」史黛西會如此堅稱，而我附和她的意見，直到她的怒氣大到我無法應付，或者讓我惱羞成怒地突然對她發火。我們不再是傑森與史黛西，只不過是兩個倦怠的大人，彼此相隔千里，對著我們共同的失敗，悲哀地相互咆哮。

等我值完班，一股危險的動能在我體內流竄，準備把她發的火丟還給她，就像檢察官起訴犯人：記得你說過這句話嗎？這句話呢？因為我記得。

我們終於會合時，我發現她跟我一樣生氣。

「你跑哪兒去了?」她質問,「我們一小時前就該出發。葛瑞塔一團糟。她半個鐘頭前就想睡了,在稚各家徹底崩潰,簡直噩夢一場。」

我沒準備好成為被指控的一方,她的怒火讓我驚訝得倒退一步。我喃喃辯解了幾句,兩人提心吊膽地朝地鐵站走去,史黛西推著葛瑞塔,嬰兒車放平了。葛瑞塔通常會因為我們吵嘴而生氣,但此刻她悶悶不樂,只是抬頭望著我們,露出她那抹心照不宣的微笑。

「我知道,小寶貝,」我攪一攪她的頭髮,「媽咪和爹地不太開心。我們沒事。」

班車誤點了,而且人滿為患,車上擠滿別著背號的馬拉松跑者。我們費勁地擠上去,縮成一團,不發一語。然後列車在開往曼哈頓的中途停了下來——沒有廣播說明情況,列車動也不動。「老天啊,車為什麼停了?」史黛西大聲問。我感覺左右兩邊的陌生人全把眼光投向我們。

葛瑞塔扭來扭去,史黛西伸手把她抱出嬰兒車。有人讓位,她坐在媽媽的腿上,再次感到滿足,開始對微笑的乘客大送秋波。列車動了。我們決定下車後分頭行動,我帶葛瑞塔到蘇珊家,史黛西可以去辦些雜事。她親親葛瑞塔,然後看著我說:「情況會好轉的。我愛你。」

離蘇珊家還有一條街,葛瑞塔開始在嬰兒車裡開心地搖擺:這條街、這道光和這股氣味,意味著蘇西外婆家就快到了。她的喜悅洗淨我的疲憊,我推著她在街上全速奔跑。

妳還記得我們道別的時候嗎，寶貝女兒？當我把妳送到蘇珊家，妳扭來扭去鑽出嬰兒車，慢悠悠走進客廳。妳把一小盒七彩迴紋針倒到地毯上，坐了下來，然後一個一個撿回盒子裡。蘇珊的狗瑪姬不停地吠，蘇西外婆開始幫妳炒蛋。

「這兒沒你的事了，爹地，」蘇珊說：「祝你們有個愉快的夜晚，那是你們應得的。幫我跟史黛西問好。」就在那時，我感覺到一條肌肉放鬆了：我卸下照顧妳的責任。

我叫妳過來抱抱我、親親我。妳搖搖晃晃走來，我把妳拉近身體，聞一聞妳的氣味，感覺小手輕拍我的背。妳在我臉上咂了一口，然後轉身離開。我站起來，看了最後一眼，用嘴型跟蘇西外婆說再見，她送給我一個飛吻。我最後一次道別，妳甚至沒有抬頭看，只在我關門的時候朝頭頂揮了揮手。

我們錯過了電影，吃晚餐卻還太早，於是在酒吧重新會合。我們倆那時候都感覺到了——褪去疲憊和自己最醜陋的一面。史黛西淚眼望著我，眼裡盡是哀求，我立刻感到羞愧不已。

「對不起，」我低聲說。話一出口，隨即有個東西在我心裡翻滾、反抗，一個拒絕妥協的小小挑釁。我蜷起腳趾，不均勻地吸了口氣，再試一次。「對不起。」

「我也要道歉，」史黛西說：「我知道，我反應過度了。我只是好累。大家都說頭兩年是最辛苦的，但是……或許我們終於要穿出隧道了，你知道嗎？」

她伸出手，急切地和我十指緊扣。

「我們有那麼多事情值得感恩，」她懇求道，「我們有彼此，有葛瑞塔。她那麼聰明。我可以感覺到她一天比一天懂得更多。你也感覺到了，對吧？帶她去水族館那次，感覺就像共同經歷了成長。魚、海獅——她在回家的路上說個不停。接下來一年她會有多麼大的成長。我只是……對我們來說，這會是很棒的一年。」

隔天早上，我們睡到九點才醒。躺在床上，看著葛瑞塔的照片。蘇珊傳了一張她們那天早晨的快照給我們：葛瑞塔執意要有屬於自己的咖啡，所以蘇珊舀了一湯匙咖啡加進她的牛奶，她興致勃勃地一飲而盡。一會兒後，蘇珊告訴我們，她們準備去附近散散步，我們可以慢慢來。窗邊暖洋洋地，史黛西和我舒舒服服伸個懶腰。

我們坐著喝咖啡，品嘗這份寂靜。湊了兩大袋髒衣服，放在一旁，準備晚一點清洗。

「我們還是可以去看那部電影，」我說：「接回葛瑞塔前的最後放縱。」

我們不慌不忙地換衣服，信步走向電梯，無法相信自己的好運。

「我真想她，」史黛西承認。

我執起她的手，「是啊，我也一樣。不過，想她是件好事，不是嗎？我們很快就會再見到她了。感謝老天為我們派來蘇西外婆。」

「不知道她們怎麼樣了，」史黛西說。她掏出手機，頓了一下，「哈。」

「怎麼了？」

「噢，我錯過她一通電話。真奇怪。」

「是很奇怪。只有電話，沒有簡訊？」

「沒有簡訊。」

「嗯，怪了。不知道她有什麼事？」

我掏出手機，抬頭看看史黛西。

我也錯過了她的一通電話。

✦

那天的一年三個月後、哈里森預計出生的兩天前，我輪流跟我的兩個孩子說話。他們此刻似乎在同一個地方——一個離世了，一個還沒出世——這讓我在地球上的生活顯得更加虛幻。**我們就在這裡，爹地**，我不斷聽到這樣的聲音，但不論往哪兒走，我始終沒找到他們。

這裡也沒有我的孩子，我在每個角落搜尋時這麼想。

我很抱歉，寶貝女兒，我告訴她。爹地媽咪只不過需要一個週末。如果不是因為我們撐不下去了，妳現在還會在這裡。妳絕對猜不到，如果能換回妳，我會情願把自己累到什麼程度。爹地願意使出一切、付出一切、承受一切——媽咪和我情願破產、累垮、用牙齒把彼此撕碎。只要能夠重來一次。

可以跟妳說個祕密嗎，寶貝女兒？我羨慕妳。妳已經不受時間束縛。我可以感覺時間在我身上運作，那很傷人。它讓我像鼓面一樣緊繃。每一分鐘、每一小時、每一天、每一個月，察覺時間在我前方和背後慢慢累積，感覺就像某種鈍器在敲打我的心。

當我和妳站在那片原野上，我可以感覺妳嘗到的自由，整座森林在我們相處之際起起伏伏。我望著整片山脈從地面升起，我們置身其中一座山裡，像兩個手牽手嵌進岩層裡的褪色化石。當老鷹攫走我的心，真正掙脫束縛的，是時間。

永恆帶給人撫慰。**謝謝妳教會我永恆的存在**。

哈里森，我承認，在我心裡，你還不太真實，像一場還可能醒過來的夢。但我相信我們會找到彼此。從姊姊第一次從樹後面跳出來、出現在我面前的那一刻，我就願意跟隨你們倆的腳步。我對姊姊教給我們的功課充滿敬畏，我也準備好接受你給的功課。

哈里森預產期當天，史黛西和我穿著內褲和T恤吃晚餐。不知道為什麼，隨著那一刻越來越接近，我開始仿效她的穿衣風格。飯後，我們去散步，那是夜間的例行儀式。今晚月圓，但願滿月能對哈里森施展它的引力。

懷孕過程中，他大部分時間頭朝下，不過三星期前，史黛西話說到一半突然睜大雙眼，痛苦地吸氣。他突然打橫，然後往上爬，直到臀部朝下坐好。他的腿不客氣地踢著史黛西的膀胱，頭頂住她的胸廓。

就像任何一位現代公民面對未知時的無助，我們上網搜尋「如何轉動胎位不正的寶寶」，然後乖乖遵照各種偏方。我把臉放在史黛西肚臍上，對他輕聲歌唱，希望吸引他游回底下。史黛西在我們的客廳倒立，我看著她的額頭爆出青筋。

有些建議極其詭異，與巫術僅有一線之隔：我在網路上訂了味道很重、捲起來像一根巨大大麻煙的古怪草藥。我讀了入門書籍並看了一段YouTube影片，然後點燃一根，舉向她的小腳趾，含糊而遲疑地在空中畫圓。「如果哪個網站叫我給動物開腸剖肚，我們家現在就會滿地腸子，」我跟她開玩笑。在為了重新為人父母而盲目東奔西撞的過程中，難道終於沒有什麼是我們不會魯莽地言聽計從的事？

一星期前，他賞給我們一個小轉彎，現在淘氣地斜躺在六點鐘和三點鐘之間。那夜上床後，我把頭枕在她的肚子上，感覺小腳丫咚咚咚狂踢。即便他的四肢敲打著我的頭，某部分的我仍然無法相信他是真實的存在。我見過他的輪廓，見過他的頭部和臀部。但他現在似乎是個物件，不是個人，他是史黛西身上的一塊活物。他的手臂、臉、心跳——光想起這些，就像從可疑的消息來源聽到真假參半的報導。最好等到一切事實擺在眼前，我內心有一股嚴肅的聲音這麼說。他的腳和我的臉近在咫尺，但是當我閉上眼，我只看到一片廣闊的水域，漣漪輕拍岸邊，水面如鏡，幽深黑暗。

✦

兩天過去，史黛西不停輕微宮縮，但最後都停了下來。克萊拉——丹尼和伊麗莎白的女兒——等得都快急瘋了。

「我們這兒有許多跟哈里森相關的活動，」伊麗莎白平鋪直敘，「我們寫卡片給哈里森、唸書給哈里森聽、畫哈里森的畫像。我們不斷替他做非生日蛋糕（unbirthday cake），然後克萊拉不斷吃掉它們。」

我們到他們家附近的披薩店吃晚餐。克萊拉點了一份「克萊拉」，其實就是一塊瑪格麗塔（margherita）披薩，附上祕而不宣的個人化擺盤，彷彿克萊拉是獨享這份尊榮的顧客。克萊拉拿起一小片，跳下椅子，再次把手放到史黛西肚子上。「他到底在裡面做什麼？」她氣沖沖地問。

「每天早晨，她都會跳下床嚷嚷著問：『哈里森來了沒有？』」丹尼描述，「當我們告訴她還沒，她就垂頭喪氣嘟著嘴走開。」

克萊拉目光炯炯盯著史黛西，態度嚴厲：「他開始出來的時候，馬上告訴我，一分鐘都不能耽擱。」她下令。

史黛西擁抱克萊拉，哈哈大笑。克萊拉把她的手放到史黛西圓滾滾的肚皮上，突然睜大雙眼，「我摸到他了！我摸到他了！」她尖聲驚叫，轉頭對丹尼和伊麗莎白說：「媽咪，他剛剛踢我的手！」

克萊拉再度抬頭，突然嚴肅起來，「雖然葛瑞塔死了，但她還是哈里森的姊姊，對吧？」

克萊拉常常對葛瑞塔說話、為她騰出空間。她才五歲，但是談起葛瑞塔的去世，我們對她的坦率勝過絕大多數大人，包括我的心理治療師。她那不掩飾的悲傷有某種支撐力量，就像一條清澈的山澗，沒有被恐懼、憤怒或愧疚等雜質汙染。

事發幾個月後，我們到丹尼和伊麗莎白家做客，克萊拉抽出一個檔案夾。「這些是我在學校寫給葛瑞塔的字條，」她告訴我們，然後拿起貼了一張大狗圖片的紫色圖畫紙。「葛瑞塔，希望妳在地底世界，不是這個世界，玩得很開心。」字條是以清晰的書寫體寫成，顯然是老師筆錄克萊拉的口述內容。「又：妳為什麼那麼喜歡狗？」

我們跟丹尼和伊麗莎白商量何時向克萊拉宣布有關哈里森的消息。等到史黛西懷孕二十週，我們邀請他們來家裡吃飯，就在公布消息前，我的胃緊張地打結，就連跟家人宣布消息時都沒有這樣。

「現在，史黛西的肚子裡有個寶寶，」伊麗莎白說。克萊拉倒抽一口氣，開始在我們這間小公寓的臥室與客廳之間跑來跑去。

「這是我這輩子最棒的一天！」她斷言。

幾分鐘後她坐下來，用彩色筆為我們畫了一張全家福：伸出火柴棒手臂的兩個橢圓形是史黛西跟我，兩個潦草的小點代表哈里森和葛瑞塔。「ㄋㄧˇㄧㄉㄧㄥˋㄏㄨㄟˋㄏㄣˇㄎㄜˇㄞˋ，」她寫。她把這張圖留在我們家，我們把它貼在冰箱上，圖畫上方是兩個孩子的超音波照片，他們面向彼此，輪廓幾乎一模一樣。

史黛西孕期進入第四十一週。氣溫華氏九十三度[41]，哈里森似乎在媽媽肚子裡自得其樂。生理信號掃描之後，醫生向我們保證一切都好——他的心跳、她的羊水量、他的呼吸練習，胎盤為他提供足夠養分。「現在就等著分娩了！」她輕快地說，把我們送出診間。

我的爸媽來了，他們原本是來看哈里森的，不料只看到兩個愁眉苦臉的大人。我們試著暗示我的爸媽保持距離——此刻，在悲慘的過度狀態中，我們最不想做的事情就是招待客人——但我母親用她一貫熱情洋溢的決心，強勢鎮壓我們的抗議。我母親的愛是那種或許有許多話沒說出口，但該做的事情一件都不會漏掉。

「如果你不希望我們在這裡，我很抱歉，小傑，」她後來利用安靜時刻告訴我，「我聽到你的話了。我只是……必須在這裡陪你們。我覺得自己很沒用，希望我們能幫上忙。」

我握起她的手代替回答，再次感覺到曾有的親密，或至少是近似那份親密的悲哀輪廓。「妳得剪斷臍帶了，老媽，」約翰以前會這樣酸她。於是我們切斷臍帶。感謝上天——若非如此，我第一個孩子過世的時候，她會怎樣傷心？那想必會要了她的命。持久、惱人而客套的寂寞取代了兩人之間的親密：這是必須付出的小小代價，不是嗎？

事實上，我的父母的確幫上了忙，他們幫忙轉移了注意力。母親陪我們兩人走去上瑜伽課，我們在瑜伽教室前遇到史黛西最喜歡的老師之一。

「還沒生啊？」蜜雪兒不可置信地問，同情地笑了幾聲。「哎呀，他可真不著急，是吧？」

「他真的很享受待在裡面，」史黛西沮喪地說。

「呃，你們有沒有做愛？」她質問，「你們得接著做！」讓我大吃一驚的是，她一邊說，還一邊用拳頭模擬撞擊的動作。

我母親笑了，「我本來也要問他們，但是，妳曉得的。」

「我們沒停過，」我面無表情說：「而且，謝啦，蜜雪兒。順帶一提，這是我媽。」

「跟寶寶說話，讓他知道你們準備好了，他隨時可以出來。」我們的陪產員當天稍後這樣建議。她三十一號——我們預產期的十二天後——要出遠門，照現在的情況，我們開始擔心她甚至無法陪產。「不妨想想，還有沒有什麼該做卻還沒做的事，那種可以讓你們舒一口氣、更加覺得準備好的事。你們有沒有跟誰鬧不愉快？有沒有什麼事懸在你們心上？有沒有對誰的恐懼或怨恨需要一吐為快？」

史黛西和我愣住了。

我們已平心靜氣接納了葛瑞塔的靈魂。史黛西從金柳帶回鴿子翅膀，找人黏上鹿骨、鑲

41 編按：約攝氏三十四度。

上寶石（象徵她出生月份的水鑽，以及代表她過世月份的祖母綠），做成祈禱杖。我們把祈禱杖連同她的照片放在客廳架上，時時刻刻紀念我們在尋找她的過程中穿越的國度。

在此同時，葛瑞塔的骨灰留在臥室衣櫃裡，依然是用葬儀社交給我們的紅色帆布夾鏈袋保存。骨灰承載著意義，但我們還不知道究竟該拿它怎麼辦、該有怎樣的感覺。取回骨灰那一夜，史黛西朝袋子裡一瞥，泣不成聲，而我面無表情站在房門口，不動聲色。我從此沒再看過它們一眼。

伊麗莎白的母親是一名雕塑家，她為我們手工製作了一個甕——一個線條優美的乳白色水甕，有一隻鴿子（那是她的專長）棲息在蓋子上。鴿子，城裡的小鳥，就跟史黛西的麻雀一樣。這個甕完美無瑕，可是我們無法勉強自己落實它應有的用途。不知怎麼，我們已經習慣角落裡的袋子，那是關於她的最後一個物件，我們都不願意面對，也不願意放手。

如今我們已從地底國度重回地面，發現自己再度面對一個充滿身體的世界——又是肉、又是筋、又是血。穿越其他身體的身體、破掉又被修復的身體、被焚燒掩埋的身體。

此刻，我們突然想起，那是關於葛瑞塔過世的最後一項未竟之事。她需要在哈里森抵達之前找到一個安息之地。

那天晚上，我們處理骨灰。稍作了打扮，這畢竟是個儀式，我們希望正式致意。我放幾首安靜的音樂，然後關掉。感覺不對。兩人盛裝地面對面站著，彷彿在客廳餐桌旁約會。然後拎來袋子，打開拉鍊，感覺彷彿在撬開地穴，這個袋子一直守著葛瑞塔之死僅剩的祕密。我心裡的某個部分因為看到那隻絨毛小狗，以及醫院帶回來的棉布毯子而震驚。我撿起毯子，小心地放在旁邊，心知上頭有幾處咖啡色血漬。我不用看就能感覺它們的存在。

有個密封的透明塑膠袋，底部因為重量而鼓起。我不想用顫抖的手拿著這個袋子，在角落撕開一個洞、倒出搖搖晃晃的內容物。史黛西冷靜而篤定地用廚房剪刀在邊緣剪了小口，將裡頭的內容物暴露空氣中。

我在甕口插上廉價的塑膠漏斗，隨時做好準備。幾個月前就為了這個目的，在一家廚房用品店花了幾塊錢，買了這個漏斗。當時我還得問前臺的女士漏斗放在哪裡。史黛西把袋子擺斜，灰色的骨灰開始一束束流出來。我望著小骨頭碎片掉進去，幾片稍微大一點的卡住了。我晃一晃漏斗。我們把頭轉過去，以免吸入太多的她。並且保留一部分的她給我們的母親（她們有自己的甕），然後關好袋子的拉鍊。史黛西捧起變得重一點的骨灰甕，放在桌上測試看看。

它沒有完全站平，有點搖晃，肉眼幾乎難以察覺。它是歪的。史黛西的臉脹紅了，終於放聲大哭。壓垮她的並非骨灰存在的事實，那確實是個可怕又糟糕的事實，大到無法衡量。不可知的事物面前存在著慰藉、存在著神祕，甚至可能存在著意義。然而，骨灰甕的稍微搖晃會傷人，刺進心底最深處，再度提醒我們，**這個世界本身的不足是多麼可悲**。

無論如何，她還是把它擺到架上，小心翼翼放在追悼會帶回來的葛瑞塔照片旁邊、鴿翼的後面。我們佇立片刻。一旦站上架子，骨灰甕再度四平八穩，恢復了美麗。我望著史黛西，她的臉不知怎麼泛著紅暈又顯得蒼白。解決了，我們再度聯手完成另一件傷及肺腑的可怕任務。這是我們對葛瑞塔的身體最後一次盡父母之責。

我們在沙發上啜泣，哭得很傷心。我用憤怒、無助、握緊的拳頭抱住我的頭。然後彼此稍做梳洗，凝視鏡中的自己。我們的眼睛哭得紅紅腫腫，其餘沒什麼不同。對女兒的哀悼行動一而再、再而三接連不斷。我們曾將長女的遺體捧在懷中，此刻，我們的承受能力已沒有極限。

✦

當事情終於開始——星期四中午十二點、哈里森預產期的十二天後——並非一次激動人心的開始。沒有微妙的壓力，沒有緩緩瞪大的雙眼。我們沒有緊扣彼此的手、一起深呼吸。當事情終於開始，是從一口混著蓖麻油的柳橙汁開始。這種油是助產士勉為其難給的偏方，她提出警告：「親愛的，無論如何，我們都得在星期五催生。所以，如果你們希望確定自己試遍各種辦法……。」

史黛西順利嚥下第一劑，平安無事。我望著她緊張兮兮倒出一湯匙油，作嘔地吞下一大口口水，然後搖晃純品康納（Tropicana）[42]，直到溶液成了有浮渣的泡沫。她像小孩子一樣捏住鼻子，我靜靜等著。

「不算太糟，」她過了一會兒說：「等一個小時，如果什麼事情都沒發生，我會把剩下的喝完。」

我們曾經輕聲細語，也曾經大吼大叫；曾經對著一輪圓月躺在泥土地上，一會兒跳舞，一會兒跪下，一會兒祈禱或不祈禱，一會兒清醒或睡著。現在，我們看著電視，等待腸子開始攪動。我從眼角偷瞄史黛西一眼。

「一點感覺都沒有，」她終於說，於是我在她起身調製剩餘溶液時按下「暫停」鍵。

半小時後，史黛西還沒開始陣痛。我們放棄了：蓖麻油完全沒效，明天得進行引產。史黛西這次不會自然進入分娩。我們的孩子不會在醫院的生育中心（birthing center）誕生，如果在那裡，我就可以和他們母子一起在床上過夜。不同的寶寶，不同的懷孕過程。說不定會剖腹，說不定會花錢住單人房。我們告訴彼此，這種方法比較有道理，正如這次過程中的每

42 編按：美國飲料公司，主要生產各種果汁。

一件事，我們被免除了主控權。無論如何，哈里森明天就會跟我們見面。

「我的腸子肯定是鐵打的，」史黛西聲稱。

「哎呀，說來也怪，我並不驚訝，」我說：「別的辦法都沒奏效，這種辦法怎麼可能例外？好吧，寶貝兒子，明天就明天。不管怎樣，他們都會把你……」

「哦哦哦，」史黛西突然猛力說。她瞪著我，眉毛皺成一團。她一口氣站起來、彎下腰，手放在沙發上。又說了一次，這次加倍音量以示強調：「哦哦哦哦哦。」她彎著腰，一跛一跛走向浴室，但中途停了下來，腰彎得更深，像漏風的輪胎般大口吐氣。我問問她的感覺，她伸手到腦袋後頭拍打我：不要出聲，不要說話，現在不要。她消失在門後。

我看著門關上，聽見她用更深沉的聲音再度呻吟。我無助地在門外等了幾分鐘，聆聽她的呼吸。「哦哦哦哦哦，」她說。我還沒準備好。天啊，不知怎麼的，我們還沒準備好。我們怎麼能等到了地老天荒卻還沒準備好？生命成了一個模糊的臟器，我只感覺血液流經一條條肌肉，聽到它在我耳中轟隆作響。

幾分鐘後，史黛西上了床，時間軸似乎整個顛倒。上一次她叫得這麼大聲的時候，我們不是已經在醫院了嗎？我模模糊糊回想葛瑞塔出生時的微妙進展，長達幾小時的耐心積累、令人欣慰的每隔十五分鐘一次的陣痛。

這一次全都不一樣了，急促、混亂、瘋狂。史黛西似乎被淹沒了，每次陣痛之間，她幾乎睜不開眼睛。我們必須上醫院。這個訊息從我的理智腦傳達到波濤洶湧的下半部大腦，幾乎消失無蹤，然後再度浮現。**我們必須上醫院**。

我們的陪產員瑪麗安突然出現在我們身旁，我顯然召喚了她，聽見她在對我說話。她告訴我外頭有一輛 Uber 等著。我站在臥室門口，望著撐開的應急袋。史黛西還在尖叫。「為什麼不能讓我喘口氣？」她在兩次猛烈陣痛之間的短暫解脫瞬間，可憐兮兮地哀求。

車上路了，我坐在前座，聽見自己對 Uber 司機開了個玩笑，有關他要五毛我們給一塊之類的笑話。瑪麗安用活潑且興致勃勃的語氣說話，彷彿我們是一群準備出遊的小孩。史黛西趴在後座，在她旁邊搖擺、呻吟。她無法跟我應答，而我就像撞上窗戶的蟲子，頭昏眼花，搞不清楚狀況。我伸手到後座摸摸她，穿越隧道時，用手指輕撫她的腰側。她獨自活在她的身體裡，我獨自活在我的思緒中。我們再度成了野獸，這一瞬間，我們似乎從未認得彼此，忘了世上還有對方存在。

當我們穿出隧道，進入曼哈頓下城，所有事情開始成雙成對出現，自己跟自己押韻——我們以前做過這件事，開車上醫院、尖叫、急如星火。剎那間，我又來到那塊被撕開的地方，望著把我們和葛瑞塔隔成兩個世界的布幕撲簌簌抖動。這裡的一切和我記憶中一模一樣——她出生隔天，樹上冒出春天的嫩葉；她過世那星期，同樣的嫩葉映入我的眼簾。即便坐在這輛 Uber 的副駕駛座上，我仍然可以感覺風拂過我的手臂和臉頰。**原來，這就是你們**

倆所在的地方。

車子在急診室入口處靠邊停下。我們三人——史黛西、陪產員和我——一瘸一拐地往門口走去，就像背包滑到一邊、不良於行的六腳怪獸。一群護士湧向史黛西，扶她坐上輪椅。我落在後頭。我的腿摻了水泥，她的聲音變得遙遠。我傳了一個冷靜、清晰、理性得突兀的簡訊給伊麗莎白：「史黛西要生了。我陷入震驚。」

把這個訊息送入宇宙後，我的麻木退去了一大半。發現我們置身生育中心，麗塔在監測哈里森的心跳，史黛西彎腰趴在床上。我憑藉肌肉記憶，在她的子宮收縮時用掌心用力按壓她的腰背。現實總是雷同的，一次重複一些片段。產程開始不到兩個鐘頭，史黛西陣痛間隔不足一分鐘的情況，已經持續了至少四十五分鐘。

「親愛的，妳最後一次吃東西是什麼時候？」麗塔壓著史黛西問，手上還拿著胎兒心率監測器。這是令人憂心的問題，我搜尋她的眼神，卻無法把她的目光從監測器上撬開。史黛西立刻從身體裡找回正常的聲音，清晰而夾雜著憂慮，「大概四個鐘頭前？怎麼了？」

麗塔沒有回答，只是單膝跪地，調整心率監測器的位置。「別擔心，」她心不在焉地咕噥，同時更用力推、更專心凝視。

「麗塔？」史黛西抬起頭，一時忘了她的陣痛。她的聲音帶著哀求：「麗塔，怎麼了……？」

「找到他了！」麗塔得意洋洋地說，「我們只需要讓他保持活動。他的心跳有點慢。」她笑著抬頭看我：「他在睡覺，剛剛醒來，這小傢伙！謝謝你加入我們，哈里森！」

史黛西和我虛弱地一笑，接著陣痛襲來，她的聲音往下低了整整八度。麗塔和瑪麗安一同扶她進入浴室，我跟在後面。哈利，我深情地想著，驚訝在腦中聽到這個小名——我以為自己會討厭的小名。「大家會叫他哈利」是我一開始反對「哈里森」的理由，但現在，我發現這個親暱的稱呼輕易且自然地在我腦海中漂浮。愛睏的哈利王子，你對這一切不怎麼感興趣，是吧？

有人打開超大浴缸的水龍頭，要注水到適當水位得花四十五分鐘。注水期間，史黛西和我擠在淋浴間裡。她光腳站在磁磚地板上，雙腿不停哆嗦。那一刻，她跟她試著產下的嬰兒一樣溼漉漉的，赤裸而脆弱。陣痛再次吞噬她，我們無法說話，我轉而拿蓮蓬頭沖她的腰背。不過我感覺我們三人齊心協力——我們四人——葛瑞塔的存在像一縷氣息吹拂我的頸後。我像個守衛者，凝望史黛西消失在浴簾的裂縫之後。在那裡頭的某個地方，會有一隻小手牽著她，把她帶回我身邊。**我愛妳**，我在心裡對她說，這是一會兒之後的訊息。**我愛妳，等妳重新露面，我會在這裡等妳**。

陣痛化為一段斷斷續續的長嚎。史黛西此刻被人往後拖著，我再度從肚子裡感覺即將失去她。每一個人都在那裡面：我的兒子，我的女兒，我的妻子。我突然一陣恐慌，說不定再也找不到他們、再也不能跟他們作伴，那塊浴簾說不定會就此闔上，把我擋在簾外。

「我需要躺到床上！」史黛西哭喊著，聲音劃破陰暗的房間。我們立刻扶起她，七嘴八舌哄著她。她爬到床上，本能地蜷起身體趴著，接著同樣本能地搖搖頭，翻身躺下。我可以感覺空氣此刻的振動，如同葛瑞塔出生的時候。此時如同彼時，我爬上床，頭緊挨著史黛西的肩膀，讓她抓我的頭髮。我閉上眼，籠罩著葛瑞塔臨終病床的氣味飄過來。我看見葛瑞塔，她的破碎顱骨上有一排縫合釘，眉毛上掛著生理食鹽水的水珠。她睜開眼，對我眨了一下。**沒關係，爹地**，她輕聲說，**不會有事的**。哈里森下降了，史黛西用力推，我們三個一起消失在裂縫後，緊緊抓住彼此。

在這裡頭，我胸口的結消失了。自從葛瑞塔過世後因恨意而鼓動的膽囊安靜下來。我感覺身體裡堅硬、頑強的東西解體了，煙消雲散，彷彿溶在水中。我可以朝四面八方遠眺光年以外的地方。抬起頭，驚訝地看見某一版本的我漫步在老家附近的街上。那是——哪一天呢？——出事後的第八天？第五天？第三天？記不清了，但那是我最後一次感覺如此接近生死界線。那椿記憶在我眼前展開，跟我保持一段安全距離，我著迷地望著自己，懷疑這個畫面是否一直在這裡反覆播放，等我前來觀看。

「我很抱歉，寶貝女兒，」我抽泣說：「我得在這裡待很久。那表示——那表示我會稍微忘記妳，寶貝女兒。只有這樣，我才有辦法繼續待下來。我會鬆開手，稍微放掉妳。」兩個我之間的距離縮短了，我重回那一天，人行道在我腳下，風吹過大樹。抬起頭仰望樹枝，讚嘆它們寧靜的野性。「只要一下下就好了，我保證。」我抹去臉上流淌的淚水。「不論妳現在在哪裡，都只要一下下就好。」

麗塔的聲音傳進我的耳裡，樹枝放開了我，隨著場景漸漸淡去。「對了，就是這樣，妳做得很棒，媽媽，妳做得很棒。漂亮的寶寶快出來了。推開壓力，讓他出來。」每一次使勁，史黛西便陷入沉默、往下推擠，然後放鬆喘氣，接著再次完全緊繃。她再度對我伸手，我全身前傾，兩人的額頭靠在一起，脣貼近彼此。我聞著她的呼吸，帶著水果味的熱氣充塞我的鼻腔和口腔。我想起葛瑞塔呱呱墜地後，從我們身體底下捲起丟掉的一疊血淋淋的毯子。我想起她被抱到冰冷的金屬秤量體重時，腿上幾抹零星的胎便。史黛西和我如今縱身跳進一個滑溜溜的斜坡道。我們緊緊依偎，從兩個人變成一個複合體，不斷往下滑，往下滑。

我的摯愛，我們又聯手栽進一個爛攤子了，我心想。

「再來一次大的，史黛西，我相信妳做得到，」麗塔說。然後史黛西的尖叫塞滿我的耳朵，我聽到麗塔和瑪麗安又吼又笑。突然間，我們三人跌坐地上，布幔在身後抖動，史黛西抓住他，一個沾了一層白色泡沫的男孩，四肢健全，附帶一條粗壯結實的臍帶。他完全覆蓋史黛西胸前，又大又粗魯，扭來扭去，活蹦亂跳，頭髮亂蓬蓬的，雙眼緊閉。就在我側躺著流淚時，他微微睜開眼，迎向我的眼睛。

他盯著我，表情平靜，帶著一點點困惑。在那一刻，他露出流動而夢幻的眼神，沒發出半點聲響。史黛西看不見我們。在那一刻，他是空虛裡的寂靜，是從永恆走私來的一個整體，那兩秒鐘裡，我彷彿看見意識如液體般填進他的眼睛。在那永恆而寂靜的一刻，他做出了決定——一聲啼哭從他積水的肺奮力往上衝，咕嚕咕嚕滾出來。他脹紅了臉。史黛西把他緊緊抱在胸前，流下了眼淚。我在這裡。

在我拿著剪刀俯身剪斷臍帶、血液在醫院床單上四濺時，他的哭叫聲越來越響亮。當我看著他的臉，他的感官甦醒了，各種刺激從四面八方湧進來——炫目的光線打進他的眼睛，尖銳而沒有緩衝的噪音鑽進他的耳朵。在他吼出體內的液體時，血液打上他的臉，讓臉變成了醬紅色。我往前傾，聞聞他出生的氣味，親吻他的頭頂。他的聲音在我腦殼裡激盪，我對他低聲吟唱，我的臉靠在他的咫尺外。

為哈里森挑選另一首歌，猶如一道神學課題，超越了人類的能力範疇。《酒吧之間》行不通——必須是一首略帶悲傷但仍充滿希望的歌。一首真實的歌。懷孕初期，我試過《太陽出來了》（Here Comes the Sun）[43]——「小心肝，這是個又長又冷的寂寞冬天。」當他過了預產期，我們苦苦等待的時候，我對他唱《再會了，黃磚路》（Goodbye Yellow Brick Road）[44]——「你何時要降落？何時要著陸？」

我最後選定約翰·普萊（John Prine）[45]的《身不由己》（In Spite of Ourselves），他是史黛

西的父母都很喜歡的鄉村歌手。這首歌由普萊和艾莉絲．德蒙特（Iris Dement）[46]對唱，普萊在錄製這首歌前一年剛剛確診為喉癌。他愛挖苦人，歌聲沙啞，幾乎五音不全；她聽起來則像某個人家瘋瘋癲癲的姨媽。「身不由己／我們最後會坐在彩虹上，」兩人齊聲這麼唱：「克服萬難／親愛的，我們中了開門大獎。」最後一句是那種基本上無法兌現的諾言，比較像是祈禱而不是承諾：「除了寬容的心，別無其他／在我們眼裡舞動。」

我顫抖著唱完歌，哈里森的哭號已降成了嗚咽。他那貴族氣派的長手指，從陪產員為他蓋上的醫院毯子鑲邊下露出來，用力撐開，然後緩緩縮成拳頭，擱在史黛西胸前。她隆起的胸部碰上他胖呼呼的臉頰，這張臉因為在子宮待得太久、吸入過多羊水而腫脹，把他彷彿被蜜蜂螫過的嘴唇，推擠成一個不由自主的親吻。

我抱起結實健壯的哈里森，直接放在胸前，跟我第一次抱他姊姊時一模一樣的位置。這一刻彷彿似曾相識，但他不是幽靈。我的胸口在他的重量下起伏。**我完整了**，我略帶驚訝地

43 編按：由英國搖滾樂團披頭四成員喬治．哈里森（George Harrison）創作、收錄於專輯《艾比路》（*Abbey Road*）。
44 編按：英國搖滾樂唱作人艾爾頓．強（Elton John）經典歌曲。
45 編按：美國鄉村民謠歌手兼作曲家。
46 編按：美國鄉村民謠創作女歌手。

如此領悟。我的心被人從胸膛直接扯出來，血淋淋地丟到地上，但不知怎麼，它仍然在我體內跳動著。

捲土重來了，我聽見腦子裡一個陌生聲音這麼說。一個冷嘲熱諷的體育播報員的聲音。他已經報導過上千場比賽，卻從沒見過如此讓他大開眼界的事情。

✦

麗塔告訴我們，他的臍帶繞頸，而且打了一個真結（true knot）。「『繞頸』表示纏住他的脖子，而真結」——她撿起史黛西腳邊彎彎曲曲、貌似橡膠、蒼白灰暗又溼答答的臍帶——「就是這個樣子。」

我細看這個在臍帶六吋長的地方，大約掌心大小的麻花形狀。它拉得夠緊，剛好讓臍帶不會絞纏，而且盤成一圈，僅差毫釐的壓力就會完全封死。

「許多時候，這些結拉得太緊，寶寶無法存活。」她意味深長地看著我們，「所以這是個奇蹟寶寶，我希望你們明白這一點。」

以後，很久很久以後，我會觀看哈里森出生的影片。我注意到他剛冒出頭的時候，麗塔帶著手套的食指謹慎地滑進他的脖子和纏住他的臍帶之間，費了一番周折替他解開。又一條試圖把他拖進幽冥的繩子，在最後一刻鬆綁。

✦

帶他回家後的幾天，是由床單、尿片、睡衣、乳液和藥膏交織的一場如夢似幻的混仗——史黛西照料她的傷口，我們照料彼此，幾乎一絲不掛。每項活動邊緣都有一股隱隱約約揮之不去的不協調，每個動作都透著似曾相識的感覺——**我們以前不是做過這件事了嗎？**——不過就其他層面而言，我們再度成為幸福的新手父母。

有好幾天，我們什麼事都不做，光看著他的胸口起起伏伏，等待他睜開眼睛，等待他注意到我們：我都忘了新生兒的一天有多長時間昏睡不醒。偶爾，我們其中一人會稍微起身觀察他的呼吸，但是只看一會兒。

他醒著的時候沉著而平靜。我們第一次把他放到遊戲墊趴下，讓他練習抬頭時，他只是躺在那裡，頭側向一邊，朦朧的雙眼望向遠方。我把他放在我的胸口，身體慢慢記住他的氣味，除了頭髮比姊姊多、體溫比姊姊高，其餘如此相似。我感覺他柔軟的重量填滿胸膛，拉緊我的臂彎。

夜裡，他警醒而安靜，小小的黑色眼睛張開著，就像靜止車輛的車頭燈。我很確定他在聆聽姊姊說話。

「跟緊姊姊，哈里森，」我悄聲說：「你永遠不會像現在這樣靠近她。」

哈里森出生後，我感覺葛瑞塔無所不在。她在一樹飄落的花瓣中走向我，我望著花瓣緩緩墜落，像是時間流逝的小小提示。她透過他的雙眼凝視我，他的眼睛底下有同樣的細紋——同樣的基因原料，稍微不同的組合，兩條平行命運線上的不同時間軸。

我在最日常的行動中看見共時性（synchronicities）[47]。在雜貨店排隊的時候，望著擺尿片的貨架，短暫想起我不必再買尿片的那一陣子，因為我的孩子死了。還記得當時注視這個貨架上的尿片是什麼感覺。我思索再次注視它們、需要它們的滋味。突然胸口一緊，必須怪模怪樣地大口吸氣，免得在結帳隊伍中潸然淚下。

每次遇上這種純粹而原始的哀傷，我總大吃一驚，就像翻開石頭，看見一片新鮮的溼潤泥土。就在那樣的時候，我會突然明白或想起，在心底還有好幾百個這樣的地方。小孩會死。這是我根據第一手經驗得到的體悟。這個心得如今嵌進我的身體，只要閉上眼睛，往內凝視，就能看見重新鋪設的道路、警示用的三角錐、封鎖的出口，以及為了避免汙染而緊閉的大門。

兩週大的時候，哈里森喝奶嗆到了，噎住呼吸。他的背拱起，雙眼驚慌地突出，口吐白沫。我們輕拍他的背，世界天旋地轉，我看見死神拉拉衣袖、森然逼近。一會兒後他恢復呼吸。我抱緊他，身體因震驚而麻痺。一個聲音在我腦中低語：**你還是可能失去一切**。這個聲音永遠是對的。

哈里森的眼睛在三週大時變成驚人的湛藍色。他學會撐起重重的頭，頭上一簇簇金髮已經比葛瑞塔一歲的時候還茂密。他後腦杓的頭髮往外翹，像個小小噴泉，匯聚成兩個對稱的髮旋。我記得他出生後，護士指著這些髮旋說，這表示他很聰明。我記得葛瑞塔最後一位保姆在喪禮後告訴我們，在她左眼和鼻梁中間的藍色血管，表示我們下一個孩子會是男孩。

他滿月時發現自己的聲音，對著吊扇發出些許「呃」和「嘎」的聲音，然後立刻開始咿咿呀呀評論一番。他的笑容越來越傻氣，蘇珊笑說他活像波希特帶（Borscht Belt）[48]的喜劇演員。「我不知道有什麼比哈利更適合他的名字，」她深情地說。

蘇珊現在住在離我們一英里的地方。歷經數月的爭執與抗拒，她終於賣掉上西城的公寓，搬來布魯克林。「我知道你們絕不會再到那兒看我，」她對我們承認，「我也不希望你們回去那裡。現在，我可以參與哈里森的生活了。」

47 編按：瑞士心理學家榮格提出的一個概念，內涵包括了「有意義的巧合」。
48 譯按：美國紐約州避暑勝地，許多猶太裔喜劇演員在此發跡。

一開始，她在我們的生活外圍躑躅，小心試探，但充滿愛意。當她抱著剛出生的哈里森，我感覺到她心裡的重量。她害怕得拱起身體，但臉上散發愛的光芒，那是靠純粹的意志力使勁傳出的信號。

✦

在她的四歲生日，我們停止講訴和反覆訴說同樣幾個葛瑞塔故事。她離開的時間開始超過活著的時間，像是向晚拉長的影子。一再回顧同樣幾個老舊記憶，感覺就像拿鵝卵石過篩。相反地，我們邀請她加入當下。哈里森八個月大了，他跟我們一起坐在公園地上，靠近她喜歡指給我們看的鴨子。我指著在附近的木屑堆啄食的一隻小鳥。「有沒有看見那隻小鳥？」我問他，「姊姊有時候會派牠們過來。」

我們對他訴說關於她的事，態度輕鬆隨意。我們希望他認識她，卻還沒摸索出合適的詞彙，所以只在心血來潮時提起她，暗自祈禱我們做得對。姊姊也喜歡香蕉，你有姊姊的廁所幽默感，在睡覺這件事情上，姊姊真的很難搞。當他撫摸大樹，我叫他跟她打招呼，他的臉部線條柔和下來。

蘇珊陪著我們，傑克和萊絲莉也是。我們全都說起天氣多麼晴朗美好。哈里森滿足地坐在傑克懷裡，傑克一隻手摟著他，另一隻手拿著蘇打水。他已經好幾個月滴酒不沾。

「四歲生日快樂，葛瑞塔．格林，」史黛西在我旁邊說。她剛換到葛瑞塔出生的醫院上班，跟新工作請了一天假。這份工作是個小小的意外之喜，無異於邀請我們繼續跟她保持聯繫。史黛西的病人都不知道她曾在這裡哺育自己的孩子，一個已逝的孩子。

葛瑞塔過世兩年後，我們得花些工夫才能聯繫上她。一度如潮水般的哀傷，如今縮小成意識深處一個沒關緊的水龍頭，偶爾得排出時間來哀悼她。我們搜尋有關死亡與傷痛的戲劇和電影，坐在戲院裡默默垂淚。追悼的需求有苦有甜。在她過世的第一年，空虛感排山倒海而來，我們不斷尋找她的蹤影。如今，哈里森的持續存在像一首震耳欲聾的歌，填滿了我們，讓我們時時刻刻形容憔悴、裂成兩半又心懷感激，沒時間多想。

哈里森的成長有如溪水溢流，雖然不易察覺，卻挾帶驚人的速度。我們現在愛上他的獨特之處，欣然樂見有別於她的地方。相較於姊姊，他比較熱情，比較從容，比較不容易受驚嚇。葛瑞塔吃相優雅，可以把一匙匙優格直接放進嘴巴，不掉任何一滴。他吃起東西就像原始人，把綠色的玩意兒隨處抹在兒童高腳椅上，一邊往嘴裡塞滿鷹嘴豆泥和酪梨莎莎醬，一邊咯咯笑，噴得滿桌子都是。

音樂對他猶如電流流經身體，卻只能稍微引起她的興趣。當我為他播放用嘹亮歌聲唱出的輕快曲調——好比說披頭四或哈利．尼爾森（Harry Nilsson）——他會坐起來，渾然忘我地蹦蹦跳跳。

他精力旺盛、成天樂呵呵地，尤其容易滿足。外出的時候，他對我咧嘴微笑，彷彿我們剛從什麼地方下了晚班，口袋裡有些零用錢可以花用。他似乎對生活中的小事充滿感激，沒有片刻停止體悟一項事實：我們獲得了共度時光的機會。

在他的守護下，可以感覺一個極其荒唐的信念在我心裡滋長：我們——我、我的妻子、眼前這個逐漸長大的孩子，以及我們再也看不到的孩子——都會安然無恙。這是一個天真的信念，一個妄想，我的身體抗拒著它。在這個念頭清清楚楚閃過腦海的一會兒後，我退縮了。不，一個更深沉的聲音如此低語。

彷彿附和這個聲音，哈里森似乎染上了所有想像得到的病菌。他八個月大時，我們把冒著汗翻來覆去、全身滾燙的他從搖籃裡抱出來。他的體溫高達一百零五度[49]，沒有其他症狀。我們把他放進澡盆，看著他打冷顫，同時打電話給小兒科醫生。他吃藥後降溫了，她叫我們隔天早上去看她。

「只是病毒感染，」她告訴我們，「一種很麻煩的病毒，不過到處都在流行。相信我，我看過太多了。它會嚇壞父母，但總會過去。」

當發熱持續到第九天，她把我們送去驗血。不用多說，我想，事情就是這樣發生的，這是開端。他的白血球數量高得可疑——原因不明。我們繃著臉，不發一語帶他前往同一個急診室——羅斯福路（FDR Drive）上的威爾康乃爾。我們停在同一個停車場，穿越同一扇玻璃門。哈里森坐在我的胯上，對每一個人揮手、微笑、咿咿呀呀說話。史黛西曾經癱坐上頭的橘色塑膠椅迎面襲來，就在我第一次見到葛瑞塔全身死氣沉沉的房間外。

「以前來過嗎？」檢傷室一位刺青的女士頭也不抬地問。

「你們的兒子得了中耳炎，」醫生檢查了三分鐘後說：「在我看來，他很健康，也很快樂。」

「嘎咯，」哈里森愉快地回答。我們謝謝她，抱他出來，手上拿著抗生素處方箋，把兒子放進汽車安全椅綁好，載他回家，急診室在我們身後漸漸失去蹤影。我幾乎忘了這個地方的存在，忘了女兒從未走出的這棟建築。我們把另一個孩子送進這裡，而我們再度離開，完好無缺。我們大感震驚，彷彿受到驚雷轟擊，而我們感激得不能自已。

九個月大的時候，哈里森從我們的公寓樓梯滾下去。他大哭一分鐘，然後呆了幾秒，接著就沒事了。我等了幾天、幾星期，期待著可怕卻從未出現的腦損跡象。

一個月後，他大哭著醒來，怎麼哄都哄不住。連續哭鬧幾個小時，就連餵奶也無法安

49 編按：攝氏約四十度。

撫。「事情很不對勁！」史黛西在漆黑的夜裡嚎叫。我們的心往下沉，死神攫住我們的腳踝，地獄再度張開大嘴，急於把我們全都一口吞下。

我隔天早晨再度帶他看病：克沙奇病毒（coxsackie virus），也就是手足口病。葛瑞塔從未得過的另一種病。他幾天後復原。

直到後來，我們才明白這些可怕事件帶給我們的是驚嚇。正常的、平凡無奇的、為人父母的日常驚嚇，我們養育葛瑞塔時從未遭遇的驚嚇。葛瑞塔從未跌倒，從未摔斷骨頭。每一次事件、每一回生病，哈里森都是在教導我們：**有時候，孩子會活下來**。

我們跟新的朋友、新的父母分享這些艱難險阻，對他們來說，我們的女兒只是發生在我們身上的一個際遇。我們跟他們一起踏進新手爸媽天旋地轉的生活，試著保持柔軟，為每一項發展驚訝得目瞪口呆：寶寶每一次鬧脾氣、他們的第一顆牙，以及發育過程中每一個無法逆料的轉變。對此，我們倆既是新手也不算新手，謹慎穿梭在嶄新發現和似曾相識的雙重震驚中。

隨著時間推移，葛瑞塔的玩具開始褪去些許個人意義。現在，哈里森走到哪兒都帶著小雛菊——曾在醫院陪伴她的絨毛小狗。在那把舊的高腳椅上，葛瑞塔的食物碎屑結成了硬塊；刷掉那些硬塊，讓他坐上那張椅子，似乎再實際不過。我們把她以前的所有杯碗都給了他，不過在頂層架上的某個地方，保留了從托兒所帶回來、貼了她名字的一個鴨嘴杯。她的粉紅色滑板車還藏在衣櫃深處，等著哈里森準備好騎它。葛瑞塔始終沒做好準備。

蘇珊全心全意照顧他，「我的哈利還好嗎？」我們把他帶到她的住處時，她囔囔著問。他扭來扭去、拚命想辦法滑出嬰兒推車的安全帶，哀求的雙手伸得高高的，極度渴望被抱進懷裡。「我的天才寶寶來了，」她一把把他抱起來，他把頭靠在她的肩上。

「他是天才，」她投給我一個耐人尋味的眼神，硬是這麼說。「前幾天，我問他要睡哪一顆枕頭，這一個，還是那一個。他說：『那一個。』清清楚楚，毫不含糊。」

「了不起，」我微微一笑。截至目前為止，哈里森似乎說了許多只有蘇西外婆才能聽得到的話。

蘇珊的新住處是一棟寬敞、通風、沒有顯著特色的大樓，三樓是巨大的辦公室區域。哈里森喜歡在那裡的沙發上玩。他喜歡把她的老花眼鏡扔到地上，哈哈大笑。有一個塞滿玩具的遊戲間，不間斷地播放流行音樂。由於這棟大樓有一半是空的，遊戲間幾乎由他們獨享。她跟在他的後面，任由他挖出她的貴重物品，丟到各個角落。「我心甘情願為哈利做牛做馬，」我們問她會不會吃不消時，她這麼回答。

不過，他們兩人幾乎從來不走出戶外。蘇珊還不太敢去想這件事。有一天，她獨自走在街上，天空中某個東西閃過她的眼簾——可能是一片移動的影子或一隻飛鳥。在那半秒鐘裡，她想像天外飛來一件異物，橫空墜落。她的新門房不明白她為什麼哭著踉踉蹌蹌衝回室內。她在床上躺了一天半，被不斷閃現的回憶淹沒。

就這樣，我們的生活持續唱著惶惶不安的歌，揉合了憂愁與愛、恐懼與狂喜。我們一直很好奇，接受葛瑞塔器官的家庭後來怎麼樣了。得到她心臟的那個男孩，現在應該五歲了吧？分享她腎臟的兩個男人，以及獲贈她肝臟的那個女孩，現在又是什麼情況？離開醫院後，我們首次聯絡LiveOnNY，希望得知受贈者的命運。

獲贈腎臟的一位成年男子沒有持續追蹤治療。他們不知道他的最新健康狀況。「唉呀，那讓我不太好受，」史黛西說。我做了個鬼臉。兩人都沒說出那句可怕的心裡話——我們把女兒的一部分給了你，你最起碼應該好好照顧它——因為這句話對我們而言太醜陋、太瘋狂。不過，我們都聽到彼此心裡這麼想。

得到葛瑞塔心臟的男孩沒有撐過去。他在移植一年後過世，在醫院度過的一年。聽到這個消息，史黛西的眼神變得呆滯。幾個月來頭一次，我尋找某個無人角落，讓滾滾怒氣從喉嚨一湧而出。在街區盡頭，我對著碼頭邊閒置的裝運貨櫃大吼大叫。那是另一個令人生氣的提示：她的身體已輪不到我們去拯救、去保護。

像這樣令人目眩的突發怒氣，仍然偶爾讓我手足無措。發作的時候，我通常身處某個公共場所，在引爆怒火的時候保持微笑。我在學習接受它們，學習活在緩解和轉移的無止盡循環之中。**我有權利永遠保持憤怒**，我一遍遍告訴自己。**我有權利永遠保持困惑**。我死了一個孩子，並且選擇再度成為父親。沒有什麼比這更能定義愚蠢或勇敢、瘋狂或清醒、狂妄或寬容。在我有力氣的時刻，只是臣服於這樣的困惑，允許它將我包圍。

心靜的時候，我發現自己重回那片廣闊的原野，在金柳的幻境中走入的那片原野。我既埋進地下，又站在地上，仰望無垠的蒼穹，滿天星星無邊無際，影影綽綽俯視大地，如史前怪獸。我凝視越久，越聽到兩個孩子的聲音。他們佇立在我身旁——哈里森在左，葛瑞塔在右。我們一起仰望星空。在此至樂之境，他們都能聽到我說話，而我可以對他們說需要說的每句話。

哈里森，寶貝兒子，我們必須學會在非常微妙的狀況中取得平衡——你、我、媽媽和姊姊。我不知道怎麼教你。你必須學著認識你的姊姊，平靜地接受她的缺席。我們還在這裡，**必須學著接納我們的脆弱生命**。

哈里森，這個世界會指引你遠離這些課題，而不是迎向它們。它就像石頭把你拖向海底。我們必須學會漂浮其中，看清上上下下的一切。爹地還在學習。我希望你帶著這份領悟活下去。或許，我可以偷偷觀摩、向你學習。

當你被交到我們手上，我擔心我們會傷害你。我的傷口還在癒合，但我的心底留下一個壞死的角落。我納悶：你也看見那個壞死的角落嗎？你怕它嗎？

我漸漸明白，你看得見我努力隱瞞你的一切，而你並不害怕。你的目光比我的更敏銳，你的心比我的更堅強。我猜你對我的了解，會比我對自己的了解更深。

哈里森，自從你出世，我便看見一個幻境。媽咪和我置身在一片廣闊的原野，蜷伏在大樹的樹幹底部。我伸出手，手指輕觸柔軟潮溼的青苔。我用手掌壓著青苔，媽咪的手壓在我的手上。我們的手一起沉沒，兩人雙雙躺在泥地上。我看見一個老人走來。他的藍眼睛微微含淚，閃著仁慈的光芒。他的皮膚長滿斑點，頭髮稍微泛黃。他聳立我們身旁，俯瞰著我們，有一點點哀傷，卻心滿意足。他有你的眼睛，寶貝兒子。謝謝你。謝謝你讓我們先來到這個人世。

葛瑞塔，寶貝女兒：妳在附近嗎？我想，當我感受到妳，感受的是妳的同理心：妳相信每個人都有資格得到也需要得到平靜，而妳是幫大家帶來平靜的緊急救難人員。我好愛妳這一點，葛瑞塔——妳有一副美麗的靈魂，容得下每一個人。

還要好久好久，我們才能再度找到彼此，葛瑞塔，我確定在這段時間，**我會一直想念著妳**。但我知道一件事，而這件事情，我得謝謝妳：我知道妳沒有掙扎。我可以感覺妳平心靜氣，接納了自己，也接納我們相聚太短的事實。我可以感覺妳會把握每一個縫隙介入，指引我們前行。當我把手插入泥土裡，我聽見妳咯咯笑著對我說悄悄話。

待在哈里森身邊，好嗎？關於他的生命，有好多事情只有妳能教他。他需要妳。我知道妳現在是個老靈魂了，但是拜託——待在我身邊。**我也需要妳，不論走到哪裡，我會一直尋**

找妳。

哈里森，這就是她在我心裡居住的地方。你也看見她了嗎？靠近一點兒。我希望我們一起走出這片原野，但是首先，讓我們稍待片刻。

你們看見天空了嗎？感覺到涼風了嗎？真美好，不是嗎？

準備好了嗎？

孩子們，牽著我的手。

好了，走囉。

Acknowledgments

致謝

即便在我們人生最黑暗時期，都有數不清的人幫助史黛西和我繼續走下去。我們不可能一一指名道姓致謝，但是每一個善意舉動，不論多麼微小，都在我們心上永誌不忘。

深深感謝我的經紀人安娜（Anna Sproul-Latimer），感謝她的堅定信心，以及她透過這些紙頁與葛瑞塔建立的私人情誼。謝謝霍華德（Howard Yoon）及蓋爾（Gail Ross）在本書早期階段幫忙勾勒大致輪廓。謝謝 Knopf 出版社的每一個人——尤其是我的編輯喬丹（Jordan Pavlin）；他以非凡的敏銳、善意與關懷對待我和書中內容，我永遠感激。

我在 Pitchfork 的家人在我最需要的時候照顧我、指引我方向。特別感謝馬克（Mark Richardson）、瑞安（Ryan Schreiber）及克里斯（Chris Kaskie）給予我哀悼的空間。謝謝每一位給我們建議、鼓勵、支持、陪伴與友情的人，不論在 Pitchfork 或其他地方：史黛西（Stacey Anderson）、瑞安（Ryan Dombal）、戈布恩（Corban Goble）、林賽（Lindsay Hood）、傑西卡（Jessica Hopper）、喬（Joe Keyes）、克萊爾（Claire Lobenfeld）、凱文（Kevin Lozano）、吉兒（Jill Mapes）、奎因（Quinn Moreland）、普加（Puja Patel）、珍妮（Jenn Pelly）、阿曼達（Amanda Petrusich）、愛咪（Amy Phillips）、馬修（Matthew Schnipper）、布蘭登（Brandon Stosuy）、佐拉茲（Lindsay Zoladz），以及夏洛特（Charlotte Zoller）。

謝謝我們的 Ditmas 家長團體、葛瑞塔的親戚朋友。他們帶給我們熱食、為我們遮風擋雨、陪我們哭泣，從無一丁點畏縮。特別感謝珍娜（Jenna）和布魯克（Brock）、傑夫（Jeff）和山姆（Sam）、阿曼達（Amanda）和亞倫（Aaron），以及珍（Jen）和萊夫（Lev）。謝謝 Michelle St. Claire 托兒所裡的每一個人，葛瑞塔深愛著你們，在你們的照顧下，她的成長不可估量。

謝謝上西城的左鄰右舍給予蘇珊愛與支持。

謝謝我們的異姓姊妹莉茲（Liz）及安娜（Anna），謝謝妳們陪我們走過最困難的時期，也謝謝妳們即便在深沉的哀傷中，仍舊不辭辛勞籌辦葛瑞塔的追悼會。謝謝安德魯（Andrew）及安迪（Andy），謝謝你們輪流照顧她們和我們。謝謝海蘭（Helane Anderson）給予的精神指引。

謝謝丹尼（Danny）及伊麗莎白（Elizabeth）——我們的朋友、家人，以及永遠在危急之中率先伸出援手的人。謝謝薇琪（Vicky Gold）親手為葛瑞塔製作美麗的骨灰甕。謝謝克萊拉（Clara）讓我們對葛瑞塔的記憶保持鮮活，也謝謝她對哈里森的奉獻。謝謝凱特琳（Caitlin Hurd）繪製美麗的葛瑞塔肖像。謝謝克里斯（Chris）和蘭迪（Randy）為我們提供家與家之間的暫時落腳處。

謝謝尼爾斯（Nils Bernstein）籌措數百美元，在展望公園植樹紀念葛瑞塔，也謝謝每一位出錢的朋友。超過一萬九千美元的款項以葛瑞塔之名捐給威爾康乃爾醫院的兒童加護病房，我們感激促成此事的每一個人。特別謝謝班（Ben）及喬姬雅（Giorgia）以我們的名義設立GoFundMe[50]，也謝謝每一位捐款人。

謝謝一開始鼓勵我踏上這條路的威廉（William LoTurco）及凱特（Kate Mack），也謝謝南希（Nancy Rawlinson）提供的關鍵回饋。謝謝馬里斯（Maris Kreizman）很早就相信我，並且永遠為我騰出時間。

謝謝大衛（David Kessler）及其團隊在時間與精神上的慷慨支持。謝謝金柳的每一個人，謝謝湯姆（Tom Hart）及利拉（Leela Corman）給予的啟發。

謝謝我們每一位瑜伽老師——瑪莎（Martha）、咪咪（Mimi）、蜜雪兒（Michelle）、利茲（Liz），以及Third Root的每一個人。謝謝其他經歷喪子之痛的父母提供的安慰與啟示。特別謝謝裘（Jo）和比爾（Bill）分享他們對愛子傑克（Jack）的回憶。

謝謝我們的家人，約翰（John）、瑪莉莎（Melissa）、尼克（Nik）及安娜（Ana）。謝謝我的母親，是她叫我好好考慮寫書。謝謝我的父親，他教會我什麼叫做無私奉獻。謝謝蘇珊（Susan）、傑克（Jack）和萊絲莉（Lesley）願意分享心事，並提供無條件的愛。謝謝黛安（Diane）以鷹隼般的銳利目光幫忙校對。

最重要的是，謝謝妳，史黛西。妳仔細監督這本書，一一確保內容真實無誤。這也是妳的故事，我很榮幸妳把它交給我訴說。文字無法充分形容妳是怎樣的妻子、母親和夥伴。以妳的天賦智慧、情商，以及妳的移情與愛的能力，妳是我在這世上的指南針，自始至終，直到永遠。

50 編按：美國群眾集資平台。

在沒有你的星球，學會呼吸

死亡、哀痛、癒合、前進，一個家庭的重生旅程

作者	傑森・格林（Jayson Greene）
譯者	黃佳瑜
商周集團榮譽發行人	金惟純
商周集團執行長	郭奕伶
視覺顧問	陳栩椿
商業周刊出版部	
總編輯	余幸娟
責任編輯	呂美雲
封面設計	李涵硯
內頁排版	邱介惠
出版發行	城邦文化事業股份有限公司-商業周刊
地址	104台北市中山區民生東路二段141號4樓
傳真服務	（02）2503-6989
劃撥帳號	50003033
戶名	英屬蓋曼群島商家庭傳媒股份有限公司城邦分公司
網站	www.businessweekly.com.tw
香港發行所	城邦（香港）出版集團有限公司 香港灣仔駱克道193號東超商業中心1樓 電話：(852)25086231傳真：(852)25789337 E-mail：hkcite@biznetvigator.com
製版印刷	中原造像股份有限公司
總經銷	聯合發行股份有限公司　電話：(02) 2917-8022
初版 1 刷	2019年10月
定價	360元
ISBN	978-986-7778-83-3（平裝）

Once More We Saw Stars: A Memoir

Printed in Taiwan（本書如有缺頁、破損或裝訂錯誤，請寄回更換）

國家圖書館出版品預行編目資料

在沒有你的星球，學會呼吸：死亡、哀痛、癒合、前進，一個家庭的重生旅程／傑森・格林（Jayson Greene）著；黃佳瑜譯.
-- 初版. -- 臺北市：城邦商業周刊，108.10
272面；14.8×21 公分.
譯自：Once More We Saw Stars: A Memoir
ISBN 978-986-7778-83-3（平裝）
1.心理創傷 2.心理治療

176.5　　108014054

生命樹

Health is the greatest gift, contentment the greatest wealth.
～Gautama Buddha

健康是最大的利益，知足是最好的財富。 ——佛陀